ÜLIMAALNE VEGAN PUHKUSE KOKARAAMAT

100 taimejõulist pidulikku pidu igaks juhuks

Irina Kuusk

Autoriõigus materjal ©2023

Kõik õigused kaitstud

Ühtegi selle raamatu osa ei tohi mingil kujul ega vahenditega kasutada ega edastada ilma kirjastaja ja autoriõiguste omaniku nõuetekohase kirjaliku nõusolekuta, välja arvatud ülevaates kasutatud lühikesed tsitaadid . Seda raamatut ei tohiks pidada meditsiiniliste, juriidiliste või muude professionaalsete nõuannete asendajaks.

SISUKORD

SISUKORD 3
SISSEJUHATUS 6
VEGAN & TAIMEPÕHISED ALUSRETSEPTID 7
   1. Vegan kaste 8
   2. Vegan täidis 10
   3. Vegan Türgi 12
   4. Vegan jõhvikakaste 14
EELROAD JA SUUNAD 16
   5. Täidetud paprika 17
   6. Puhkus Täidetud seened 19
   7. Ahjus küpsetatud õunad 21
   8. Küpsetatud Falafel 23
   9. Puhkuse enchiladas 25
   10. Röstitud kõrvitsaseemned 27
   11. Kartuli spinati pallid 29
   12. Suhkur & Vürtspähklid 31
   13. Rooma juustukartulikrõpsud 33
   14. Vegan jõhvika ja Brie Bites 35
   15. Kartulipüree pallid _ 37
   16. Maguskartuli hammustused 39
   17. Tex-Mex juustud ja maisileib 41
   18. Küpsetatud ravioolide hammustused 43
   19. V egan suhkrustatud jamss 45
   20. Õunamaiused 47
PÕHIROOG _ 49
   21. Maguskartuli pajaroog 50
   22. Ojibwa küpsetatud kõrvits 52
   23. Pühade nuudlid 54
   24. Butternut Squash Lasanje 56
   25. Seene ja roheliste ubade pajaroog 58
   26. P kõrvitsa kikerherne kookospähkel C urry .. 60
   27. Holiday küpsetatud tempeh 62
   28. Vegan lihaleib 64
   29. Butternut Squash Lasanje 67
SALATID 69
   30. Jõhvika-pekaani salat 70
   31. Vegan sellerisalat 72
   32. Suvikõrvits õunasalatiga 74
   33. Karri lillkapsa, viinamarja ja läätse salat 76
   34. Läätse ja suvikõrvitsa salat 78
   35. Läätse- ja õunasalat 80

36. C JÕHVIKA C ITRUS SALAT 82
SUPID JA HAUTUSED 84
　37. PÜHADE KÕRVITSASUPP 85
　38. BUTTERNUT SQUASHISUPP 87
　39. KARTULI PORRUSUPP 89
　40. PASTINAAGI TALVESUPP 91
　41. LÄÄTSEDE JA PÄHKLIKÕRVITSAHAUTIS 93
　42. MAISIHAUTISE KREEM _..95
　43. P KÕRVITSA KIKERHERNE KOOKOSPÄHKEL C URRY 97
KÕRVALROAD 99
　44. SEESAMI ROHELISED OAD 100
　45. PANNIL PRAETUD PORGANDID 102
　46. VEGAN KAMMKARTUL 104
　47. PUNASE NAHAGA KARTULIPÜREE 106
　48. LILLKAPSAS PIRNIDE JA SARAPUUPÄHKLITEGA 108
　49. MAISI VANILLIKASTE 110
　50. LIHTSAD RÖSTITUD ROOSKAPSAD 112
　51. PRAETUD MAIS 114
　52. LILLKAPSAS JUUSTUKASTMEGA 116
　53. BRANDY GLASUURITUD PORGANDID 118
　54. PUHKUS HAUTATUD NAERIS 120
　55. AU GRATIN KARTUL 122
　56. PUHKUSE KOOREGA SPINAT 124
　57. SUCCOTASH 126
　58. BRÜSSEL PANCETTAGA 128
　59. PRAETUD PORRULAUK PARMESANIGA 130
　60. RÖSTITUD PEET TSITRUSVILJADEGA 132
　61. MELASS, MAGUSKARTULIPÜREE 134
　62. PÄRLSIBULA GRATIIN PARMESANIGA 136
　63. MAGUSKARTULI JA PORRU GRATIIN 138
　64. RÖSTITUD SEENED KULMUVÕIS 140
　65. PRAETUD ÕUNAD INGVERIGA 142
MAGUSTOIT 144
　66. PEKAANIPÄHKLIPIRUKA JÄÄTIS 145
　67. KANEELITÜKKIDEGA LEIVAPUDING 147
　68. KÜPSETATUD KARAMELLIÕUNAD 149
　69. TÄNAN PUMPKIN PIE 151
　70. PUHKUSEKÕRVITSA PISIASI 153
　71. PUMPKIN DUMP KOOK 155
　72. PUHKUS CHIA PUDING 157
　73. BUTTERNUT SQUASH MOUSSE 159
　74. LÕUNANE MAGUSKARTULIPIRUKAS 161
　75. BATAADI- JA KOHVIPRUUNID 163

76. Puhkus Maisi suflee 165
77. Jõhvikajäätis 167
78. Pähkel Petites 169
79. Puhkus Porgandisoflee 171
80. Pumpkin Flan 173
81. Maa maisi pajaroog 175
82. Jõhvika-pekanipähkli maitse 177
83. Kartulihash koogid 179
84. Apple Crunch kingsepp 181
85. Liigne amishi karamellipirukas 183
86. Sügisesed lehed 185
87. Viljakoristuskompott 187
88. Pühade jõhvikapirukas 189
89. Sädelevad jõhvikad 191
90. Vegan kõrvitsa kook 193
91. P kõrvitsa kreem 195
92. K okolaadi-kommi juustukook 197

JOOGID 199
93. Jõululaulude punch 200
94. Magus tee 202
95. Värskelt pressitud limonaad 204
96. Blackberry Wine Slushies 206
97. Tsitrusviljade Sangria 208
98. Arbuus Margaritas 210
99. Ananassi mimoosid 212
100. Puuvilja punts 214

KOKKUVÕTE 216

SISSEJUHATUS

Tere tulemast raamatusse " ÜLIMAALNE VEGAN PUHKUSE KOKARAAMAT", mis on teie põhjalik juhend 100 taimetoitel piduliku pidusöögi loomiseks igaks elujuhtumiks. See kokaraamat tähistab vegan-pühade toiduvalmistamise rõõmu, maitset ja küllust, kutsudes teid avastama taimse köögi mitmekülgset ja nauditavat maailma. Olenemata sellest , kas olete kogenud vegankokk või uus taimse elustiili aus, on need retseptid loodud selleks, et inspireerida teid valmistama pidulikke ja maitsvaid toite, mida kõik laua taga armastavad.

Kujutage ette pühadehooaega, mis on täis taimsete praadide, erksate lisandite ja dekadentlike magustoitude ahvatlevat aroomi – kõik need on loodud taimsete koostisosade headusega. " ÜLIMAALNE VEGAN PUHKUSE KOKARAAMAT" on midagi enamat kui lihtsalt retseptide kogum; see on juhend, kuidas muuta iga pühade tähistamine maitsvaks, kaastundlikuks ja meeldejäävaks. Olenemata sellest, kas plaanite hubast tänupüha, pidulikke jõule või mõnda erilist sündmust vahepeal, on see kokaraamat suurepärane ressurss, mille abil saate oma pühadelauda taimsete naudingutega kaunistada.

Klassikalistest pühadepraedest loominguliste eelroogade ja näpunäidete magustoitudeni – iga retsept tähistab rikkust, maitseid ja rõõmu, mida taimsed koostisosad teie pidusöökidele toovad. Olenemata sellest, kas valmistate süüa perele, sõpradele või korraldate roogi, tutvustavad need retseptid vegan-pühade köögi maitsvat maailma.

Liituge meiega, kui asume kulinaarsele teekonnale läbi " ÜLIMAALNE VEGAN PUHKUSE KOKARAAMAT", kus iga looming annab tunnistust taimetoitel söömise küllusest ja loovusest. Niisiis, pange põll selga, võtke omaks vegan-pühade toiduvalmistamise rõõm ja sukeldugem 100 taimset jõulist pidusööki igaks juhuks.

VEGAN & TAIMEPÕHISED ALUSRETSEPTID

1. Vegan kaste

KOOSTISOSAD:
- 2 tassi köögiviljapuljongit
- ¾ tl sibulapulbrit
- 3 supilusikatäit toitainepärmi
- 1 spl sojakastet
- ½ tl Dijoni sinepit
- ¼ tassi universaalset jahu

JUHISED:
a) Lisa kõik koostisosad potti ja kuumuta keemiseni.
b) Vahusta keskmisel-kõrgel kuumusel paar minutit, kuni kaste pakseneb.
c) Sobib hästi kartulipudruga.

2.Vegan täidis

KOOSTISOSAD:

- 1 suur päts täisteraleiba, kuubikuteks lõigatud ja kuivatama pandud
- ¾ tassi keedetud rohelisi läätsi
- 3 spl oliiviõli või veganvõid
- ½ tassi valget sibulat, tükeldatud
- ¾ tassi sellerit, tükeldatud
- Sool pipar
- 3 ½ tassi köögiviljapuljongit
- 1 spl linaseemnejahu + 2 ½ supilusikatäit vett
- ¾ tl kuivatatud salvei

JUHISED:

a) Kuumuta ahi 350 kraadini ja vooderda 9 × 13 pann fooliumiga või pihusta mittenakkuva pihustiga.
b) Valmistage linamuna, segades linaseemnejahu ja vett ning pange kõrvale.
c) Pruunista sibul ja seller oliiviõlis või veganvõis ning maitsesta veidi soola ja pipraga. Küpseta, kuni see muutub lõhnavaks ja läbipaistvaks, umbes 5 minutit. Kõrvale panema.
d) Valage leivakaussi suurem osa puljongist, seejärel lisage ülejäänud koostisosad ja segage puulusikaga.
e) Tõsta ettevalmistatud pannile ja kata fooliumiga.
f) Küpseta 45 minutit. Seejärel eemalda ülemine fooliumikiht, et pealt saaks pruunistada.
g) Tõsta kuumust 400 kraadini ja küpseta veel 15 minutit või kuni pealt on hästi pruunistunud ja krõbe.
h) Võta ahjust välja ja lase enne serveerimist veidi jahtuda.

3.Vegan Türgi

KOOSTISOSAD:
- 700 g siidist tofut
- 6 supilusikatäit taimeõli
- 2 tl helbest meresoola
- 2 spl valget misopastat
- 2 tl riisiäädikat
- 1 tl küüslaugupulbrit
- 380 g elutähtsat nisugluteeni
- ½ partii vegan täidist
- 4 lehte riisipaberit

JUHISED:
a) Kuumuta ahi 170 °C-ni.
b) Asetage kõik kalkuniliha koostisosad, välja arvatud elutähtis nisugluteen, täidis ja riisipaber, kiiresse blenderisse ja segage, kuni see on täiesti ühtlane.
c) Pange segatud segu tagasi blenderisse ja lisage oluline nisugluteen. Blenderda, kuni saad kareda taina, seejärel peata blender ja jäta 10 minutiks seisma.
d) Blenderda uuesti umbes 2 minutit või kuni seitan on veniv ja kummiline.
e) Eemaldage seitan blenderist ja suruge see ristkülikuks. Lisage täidis lamestatud seitani keskelt allapoole ja seejärel rullige see silindriks. Kõrvale panema.
f) Täitke lai kauss veega ja kastke paar korda riisipaberilehte, kuni see on kergelt niisutatud.
g) Laota riisipaber rullikeeratud seitani peale.
h) Korrake ülejäänud 3 riisipaberitükiga, kuni seitan on täielikult kaetud.

4.Vegan jõhvikakaste

KOOSTISOSAD:
- 1 tass värskeid jõhvikaid
- 3 supilusikatäit agaavi
- 1 tl kaneeli
- ½ teelusikatäit muskaatpähklit
- 1 apelsin, mahl
- ½ tl riivitud ingverit

JUHISED:
a) Kuumuta pann tilga õliga ja lisa tassitäis värskeid jõhvikaid. Lisage koheselt värskelt pressitud apelsinimahl ja keetke regulaarselt segades umbes 5 minutit.
b) Lisage veidi ingverit, ärge sellega liialdage, sest jõhvikad on nii hapud, kui see on, nii et see peaks andma kastmele lisamõõtme.
c) Kui jõhvikad hakkavad närbuma, lisage teelusikatäis jahvatatud kaneeli ja pool teelusikatäit muskaatpähklit ning hautage veelgi. Võite lisada vett, kui jõhvikad muutuvad liiga kleepuvaks.
d) Järgmisena lisa agaav, kindlasti maitse, sest jõhvikad on hapud ja tahad just täpselt magusaid noote saada. Võib-olla soovite lisada veel agaavi.
e) Hauta edasi, selles etapis peaks see rohkem jõhvikamoosi moodi välja nägema. Lõpetamiseks lisage sidrunit,
f) Võid lisada purki, jahutada ja hoida hilisemaks külmikus või serveerida kohe.

EELROAD JA SUUNAD

5.Täidetud paprika

KOOSTISOSAD:
- 6 punast paprikat
- 1 kilo viilutatud seeni,
- 1 tl kookosõli
- ½ tassi maisileivapuru
- 1 spl riisikliiõli
- 1 tass värsket toorest peeti, kooritud ja riivitud
- ½ sibulat, õhukesteks viiludeks
- 1 tass köögiviljapuljongit

JUHISED:
a) Kuumuta ahi temperatuurini 375 ° F.
b) Kuumuta pannil kookosõli ja prae seened.
c) Eemaldage iga paprika pealsed. Eemaldage paprika sisemus ja puhastage need.
d) Sega kausis kokku kõik ülejäänud koostisosad.
e) Maitsesta maitse järgi soola ja pipraga.
f) Täida paprikad seguga lõdvalt ja aseta need tihedalt üksteise kõrvale ahjupannile.
g) Valage panni põhja 1 tolli kuuma vett.
h) Küpseta 45 minutit.

6.Puhkus Täidetud seened

KOOSTISOSAD:
- 8 cremini või valge seeni s
- ½ tassi maisijahu
- 1 tass kookospiima
- 1 tass hakitud punast peeti
- ½ tassi hakitud porgandit

JUHISED:
a) Eemaldage seentelt varred, harjake need ära, peske ja asetage ümmargune pool ülespoole küpsetusplaadile 5 minutiks 475 kraadi F juures praadima.
b) Sega köögikombainis seenevarred, maisijahu, peet, porgand ja kookospiim.
c) Küpseta täidist 5 minutit praepannil. Püreesta pastaks.
d) Eemaldage korgid ahjust ja lusikaga igasse seenekübara sisse üks golfipalli suurune kulbitäis täidist.
e) Kuumuta ahi temperatuurini 400 ° F ja küpseta täidetud seenekübaraid 15 minutit.
f) Võta ahjust välja, kaunista basiilikuga ja serveeri kohe.

7.Ahjus küpsetatud õunad

KOOSTISOSAD:
- 4 õuna, südamikuga
- 4 supilusikatäit pruuni suhkrut
- 1 tl blackstrap melassi
- 1 spl orgaanilist valget suhkrut
- 1/8 teelusikatäit kaneeli
- 1 tl kookosõli
- ¼ tassi peeneks hakitud kreeka pähkleid
- 1 spl hakitud datleid või rosinaid
- ¼ tassi kuuma vett

JUHISED:
a) Segage segamisnõus kõik koostisosad, välja arvatud vesi, kuni moodustub pasta.
b) Täida pann poolenisti veega ja lisa õunad.
c) Kleepige kraami iga õuna keskele
d) Küpseta 30 minutit temperatuuril 350 kraadi F, kontrollides vardaga õrnust.
e) Vala vedelik pannile ja alanda keetes siirupiks.
f) Nirista õunad siirupiga ja serveeri.

8.Küpsetatud Falafel

KOOSTISOSAD:
- 15-19 untsi kikerherneid, nõrutatud
- 1 sibul, hakitud
- 2 küüslauguküünt, hakitud
- 1 supilusikatäis värsket hakitud peterselli
- 2 spl universaalset jahu
- 1 tl koriandrit
- 1 tl köömneid
- ½ tl küpsetuspulbrit Sool ja pipar
- 2 spl oliiviõli

JUHISED:
a) Kuumuta ahi 350 kraadi Fahrenheiti järgi.
b) Blenderda kõik koostisained köögikombainis, et moodustuks paks pastataoline konsistents.
c) Veereta pallideks ja aseta õliga määritud ahjuvormi.
d) Küpseta 15-20 minutit, poole pealt ümber pöörates.

9. Puhkuse enchiladas

KOOSTISOSAD:
- ¼ tassi Hakitud roheline sibul
- 1 tass Hakitud vegan jack juust
- 4 untsi Kuivatatud roheline tšilli
- ¾ tassi taimne jogurt
- 2 supilusikatäit Õli
- ½ tassi Tükeldatud sibul
- 1 Küüslauguküünt, hakitud
- 2 teelusikatäit Tšilli pulber
- ⅔ tassi Tomati kaste
- ½ tassi juurvilja varu
- 1 teelusikatäis Köömned
- ¼ teelusikatäit Soovi korral soola
- 8 Maisi tortillad

SERVEERIMA
- Õli ja ekstra vegan juust
- Kaunistuseks avokaado

JUHISED:
a) Kuumuta ahi temperatuurini 375 ° F.
b) Viska roheline sibul, veganjuust, tšilli ja taimne jogurt segamisnõusse ning pane kõrvale.
c) Prae sibulat pannil või kastrulis õlis, kuni see on vaevu pehmenenud . Lisa küüslauk ja sega korralikult läbi. 1 minut keetmist
d) Lisa tšillipulber, tomatikaste, puljong, köömned ja sool. Kuumuta aeg-ajalt segades keemiseni. Tõsta pann tulelt.
e) Prae tortillad õlis pigem pehmeks kui krõbedaks.
f) Kanna igale tortillale õhuke kiht täidist ja rulli kokku.
g) Küpsetusvormi asetage õmblusega pool allapoole. Jätkake ülejäänud tortilladega.
h) Määri peale ülejäänud kaste ja raputa peale veel veganjuust.
i) Küpseta 10-15 minutit .
j) Serveeri avokaadoga garneeringuna.

10.Röstitud kõrvitsaseemned

KOOSTISOSAD:
- 2 tassi tammetõru squashi seemneid viljalihaga
- 1 spl ekstra neitsioliiviõli
- ½ tl jämedat soola

JUHISED:
a) Kuumuta ahi 300 kraadini Fahrenheiti.
b) Sega kõik koostisained segamisnõus ja laota ühe kihina pärgamendiga vooderdatud küpsetusplaadile.
c) Küpseta 50–60 minutit, segades iga 15 minuti järel, kuni seemned on krõmpsud ja viljaliha karamelliseerunud.
d) Laske täielikult jahtuda ja serveerige

11. Kartuli spinati pallid

KOOSTISOSAD:
- 10 untsi hakitud spinatit
- 3 tassi järelejäänud kartulipüree
- 2 linamuna
- ¼ teelusikatäit muskaatpähklit
- ¼ tl Cayenne'i pipart
- 1 tass riivitud pipraga vegan jack juustu
- ½ tassi universaalset jahu
- Sool ja pipar maitse järgi

JUHISED:
a) Kuumuta ahi 450 ° F-ni.
b) Sega kausis kartul, spinat ja linamunad kuni see on sile. Maitsesta muskaatpähkli ja cayenne'i pipraga maitse järgi.
c) Viska peale vegan juust ja 4 supilusikatäit jahu. Segage, kuni jahu on kõik segunenud.
d) S laota taldrikule ülejäänud jahu ning maitsesta soola ja pipraga.
e) Tehke spinati segust 1-tollised pallid.
f) Määri pallid jahuga ja aseta ettevalmistatud ahjuplaadile.
g) Jahuta plaat 20 minutiks külmikusse.
h) Eemaldage pallid külmkapist ja katke need kergelt küpsetuspreiga.
i) Küpseta 12 kuni 14 minutit või kuni see on kuldpruun ja kindel.
j) Serveeri tavalisel kujul või puista d sidrunimahlaga.

12.Suhkur & Vürtspähklid

KOOSTISOSAD:
- 1 tass india pähkleid
- 1 tass pekanipähkli poolitatud
- 1 tass kuivatatud röstitud maapähkleid
- ¼ tassi pakendatud helepruuni suhkrut
- ½ tl jahvatatud kaneeli
- ¼ tl jahvatatud punast pipart
- ½ tassi kuivatatud jõhvikaid

JUHISED:
a) Kuumuta ahi temperatuurini 325 ° F.
b) Katke küpsetussprei abil ääristatud küpsetusplaat.
c) Sega kaussi kašupähklid, pekanipähklid ja maapähklid.
d) Lisa pähklisegule suhkur, kaneel ja jahvatatud punane pipar.
e) Sega, kuni kõik pähklid on ühtlaselt kaetud, seejärel laota need ühe kihina küpsetusplaadile.
f) Küpseta 18–20 minutit, pooleldi segades. Laske jahtuda.
g) Viska peale kuivatatud jõhvikad pähklitega ja serveeri kohe .

13.Rooma juustukartulikrõpsud

KOOSTISOSAD:
- 8 untsi pakk kartulikrõpse
- 1½ tassi India pähkli parmesani juustu, peeneks riivitud
- 1 spl jahvatatud musta pipart

JUHISED:
a) Kuumuta ahi 425 kraadini Fahrenheiti.
b) Korraldage kartulikrõpsud ühe kihina ääristatud küpsetusplaadil.
c) Puista laastude peale ühtlaselt pool veganjuustust.
d) Küpseta 4 minutit või kuni veganjuust on sulanud ja krõpsud hakkavad servadest värvuma.
e) Eemaldage ahjust ja lisage ülejäänud vegan juust ja pipar.
f) Enne serveerimisnõusse viimist tõsta kõrvale jahtuma.

14.Vegan jõhvika ja Brie Bites

KOOSTISOSAD:
- 2 tassi värskeid jõhvikaid , loputatud
- 1 tass head vahtrasiirupit
- 1 tass granuleeritud suhkrut
- 16 vesikreekerit
- 8 untsi vegan brie juustu
- ½ tassi jõhvikamaitset
- Värske piparmünt, kaunistuseks

JUHISED:
a) Kuumuta potis siirup ja pane peale jõhvikad.
b) Keerake lusikaga õrnalt, et kõik marjad katta. Laske jahtuda, katke ja leotage üleöö külmkapis.
c) Kurna jõhvikad järgmisel päeval kurnis.
d) Veereta pool jõhvikatest suhkrus, kuni see on kergelt kaetud; korda ülejäänud jõhvikatega.
e) Aseta küpsetusplaadile ja jäta tunniks ajaks kõrvale kuivama.
f) Ehitamiseks pane kreekerite peale üks viil vegan Brie'd, kerge kiht jõhvikachutneyt ja neli või viis suhkrustatud jõhvikat.
g) Lisa kaunistuseks värskeid piparmündioksi.

15. Kartulipüree pallid

KOOSTISOSAD:
- 3 c tk järelejäänud kartulipüree
- ⅔ c ups hakitud vegan Cheddari juustu
- 2 spl õhukeseks viilutatud murulauku
- ½ tl küüslaugupulbrit
- Kosher sool
- Värskelt jahvatatud must pipar
- 2 linamuna
- 1¼ tassi panko leivapuru
- Taimeõli, praadimiseks

JUHISED:
a) Viska kartulipuder Cheddari, murulaugu ja küüslaugupulbriga segamismassi, maitsesta soola ja pipraga.
b) Sega, kuni kõik koostisosad on segunenud.
c) Pange linamuna ja panko kahte eraldi kaussi.
d) Kühvelge 1–2-tollised pallid kartulipüree segust ja rullige tainas käte vahel palliks, seejärel piserdage sisse linamuna ja panko.
e) Kuumutage malmist pannil 3 tolli õli, kuni kristalliseerunud termomeeter näitab 375°.
f) Prae kartulipallid igast küljest kuldpruuniks, umbes 2–3 minutit.
g) Nõruta paberrätikuga vooderdatud taldrikul ja maitsesta täiendava soolaga.

16. Maguskartuli hammustused

KOOSTISOSAD:
- 4 maguskartul, kooritud ja viilutatud
- 2 spl sulatatud taimset võid
- 1 tl vahtrasiirup
- Kosher sool
- 10 untsi kott vahukommi
- ½ tassi pekanipähkli poolikuid

JUHISED:
a) Kuumuta ahi 400 kraadi Fahrenheiti järgi.
b) Tõsta bataat koos sulatatud taimse või ja vahtrasiirupiga ahjuplaadile ning laota need ühtlase kihina. Maitsesta soola ja pipraga.
c) Küpseta pehmeks, umbes 20 minutit, poole pealt ümber pöörates. Eemalda.
d) Tõsta iga bataadiring vahukommiga ja prae 5 minutit.
e) Serveeri kohe koos pekanipähklipoolikuga iga vahukommi peal.

17.Tex-Mex juustud ja maisileib

KOOSTISOSAD:
- ½ tassi sulatatud taimset võid
- 1 tass taimset petipiima
- ¼ tassi vahtrasiirupit
- 1 tass universaalset jahu
- 1 tass kollast maisijahu
- 2 ½ tl küpsetuspulbrit
- ¼ teelusikatäit koššersoola
- 6 untsi pipra vegan jack juustu, kuubikuteks
- Värskelt hakitud murulauk, kaunistuseks

JUHISED:
a) Määri 10- või 12-tolline ahjukindel pann võiga ja kuumuta ahi 375°-ni.
b) Sega kausis kokku taimne petipiim, sulatatud taimne või ja vahtrasiirup.
c) Sega segamisnõus jahu, maisijahu, küpsetuspulber ja sool. Vala märjad koostisosad kuivadele ja vahusta, kuni kõik on hästi segunenud.
d) Laota pool maisileiva taignast eelsoojendatud pannile ja puista peale ühtlaselt pipraga vegan jacki juustu.
e) Vala ülejäänud tainas juustu peale, silu see ühtlaseks.
f) Küpseta 25 kuni 30 minutit või kuni see on kuldne ja läbi küpsenud.
g) Lase pannil 5 minutit jahtuda, enne murulaukuga kaunistamist ja ruutudeks lõikamist.

18.Küpsetatud ravioolide hammustused

KOOSTISOSAD:
- 24-untsine pakk veganraviooli
- 1 tass universaalset jahu
- 1 tl taimset piima
- 2 tassi maitsestatud riivsaia
- toiduvalmistamise pihusti
- kaunistuseks värske india pähkli parmesani juust
- Soovi korral serveerimiskastmed: marinara, rantšo, pitsakaste, pesto, viinakaste.

JUHISED:
a) Kuumuta ahi 450 kraadi Fahrenheiti järgi.
b) Küpseta ravioolid vastavalt pakendi juhistele .
c) Katke rest küpsetusspreiga ja asetage see küpsetusplaadile.
d) Segage segamiskausis jahu ja taimne piim ; eraldi segamisnõus ühenda riivsai.
e) Kastke kõik ravioolid jahusse ja raputage üleliigne jahu maha.
f) Viimasena veereta ravioolid riivsaias.
g) Enne restile asetamist piserdage paneeritud ravioolide mõlemat külge küpsetusspreiga.
h) Küpseta paneeritud ravioolid 20-25 minutit või kuni need on kuldpruunid ja krõbedad.
i) Võta ahjust välja ja serveeri kohe.

19.V egan suhkrustatud jamss

KOOSTISOSAD:
- 4 suurt granaatpunast maguskartulit, hakitud ringideks
- 2 spl vett
- 1 tass heledat või tumepruuni suhkrut
- 1 tass orgaanilist roosuhkrut
- 1 spl kaneelipulbrit
- 2 supilusikatäit vaniljeekstrakti
- 2 spl sidrunimahla
- ¼ tassi vegan võid

JUHISED:
a) Asetage kartulid suurde segamisnõusse.
b) Võtke suur pott või Hollandi ahi ja asetage see pliidiplaadi kohale.
c) Asetage vesi panni põhja. Seejärel asetage pool bataadist oma potti.
d) Lisa ½ tassi orgaanilist roosuhkrut ja ½ tassi pruuni suhkrut.
e) Lisage teine kiht maguskartulit ja lisage ülejäänud ½ tassi orgaanilist roosuhkrut ja ½ tassi pruuni suhkrut.
f) Lisage kaneelipulber, vaniljeekstrakt ja sidrunimahl.
g) Laske sellel 10 minutit küpseda.
h) 10 minuti pärast eemaldage kaas ja keerake pealmised kartulid puidust spaatliga ümber, veendudes, et pealmine kiht puudutaks võimalikult palju suhkrusiirupit.
i) Asetage kaas uuesti potile, jättes kaane mõranenud, ja laske uuesti umbes 25 minutit küpsetada, kuni kartulid on pehmed.
j) Kui kõik kartulid on pehmed, lisage oma veganvõi ja laske võil jamsidele sulada.
k) Serveeri koos oma lemmik vegan Holiday põhitoiduga, et vegan pühade tähistamine oleks täidlane!

20. Õunamaiused

KOOSTISOSAD:
- 1 tass mandlit , leotage üleöö
- 1½ tassi krõmpsuvaid õunu
- ½ tassi linaseemneid - jahvatatud
- 2 datlit , kivideta ja varreta
- 1 spl sidrunimahla
- 1 tl halli meresoola
- ½ tassi psülliumi kesta

JUHISED:
a) Blenderda köögikombainis mandlid, sool, sidrunimahl, datlid ja õunad. Lisa linaseemned ja psülliumi kest .
b) Võtke taignast välja golfipalli suurused osad, rullige need pallideks ja asetage need kuivatusplaadile nii, et nende vahele jääks 1 tolli vahe.
c) P ümardatud ülaosas allapoole.
d) Dehüdreerige üleöö dehüdraatoris või küpsetage 1 tund madalaimal astmel, kui uks on veidi praokil.
e) Eemaldage puuviljad ja valgulised suupisted ning kontrollige nende tugevust .

PÕHIROOG

21. Maguskartuli pajaroog

KOOSTISOSAD:
- 4 ½ naela maguskartulit
- 1 tass granuleeritud suhkrut
- ½ tassi pehmendatud veganvõid
- ¼ tassi taimset piima
- 1 tl vaniljeekstrakti
- ¼ teelusikatäit soola
- 1 ¼ tassi maisihelbeid, purustatud
- ¼ tassi hakitud pekanipähklit
- 1 spl pruuni suhkrut
- 1 spl veganvõid, sulatatud
- 1½ tassi miniatuurseid vahukomme

JUHISED:
a) Kuumuta ahi 425 kraadini Fahrenheiti.
b) R östige bataati 1 tund või kuni need on pehmed.
c) Lõika bataat pooleks ja kühvli sisemused segamisnõusse.
d) Vahusta elektrimikseri abil bataadipüree, granuleeritud suhkur ja järgmised 5 koostisained ühtlaseks.
e) Tõsta kartulisegu lusikaga määritud 11 x 7-tollisse ahjuvormi.
f) Segage segamisnõus maisihelbed ja kolm järgmist koostisosa.
g) Puista nõude peale diagonaalsete ridadena, mille vahe on 2 tolli.
h) Küpseta 30 minutit.
i) Maisihelveste ridade vahele puista vahukommi; küpseta 10 minutit.

22. Ojibwa küpsetatud kõrvits

KOOSTISOSAD:
- 1 kõrvits
- ¼ tass õunasiidrit
- ¼ tass vahtrasiirupit
- ¼ tassi sulatatud taimset võid

JUHISED:
a) Kuumuta ahi temperatuurini 350 °F ja küpseta kogu kõrvitsat pool tundi kuni 2 tundi.
b) Koorige kõrvitsast viljaliha ja seemned ning visake seemned ära.
c) Täida pajaroog poolenisti viljalihaga.
d) Sega ülejäänud koostisosad segamisnõus ja vala koos keedetud kõrvitsaga ahjuvormi.
e) Küpseta veel 35 minutit .

23. Pühade nuudlid

KOOSTISOSAD:
- ⅓ tassi vegan Või
- 1 tass Peeneks viilutatud seller
- ½ tassi Tükeldatud sibul
- 8 tassi Serveerimiseks valmis köögiviljapuljong
- 16 untsi pakk vegannuudleid
- ½ teelusikatäit Soovi korral soola
- ¼ teelusikatäit Pipar
- ¼ tassi Hakitud värske petersell
- Soovi korral peterselli oksi
- 1 teelusikatäis Salvei

JUHISED:
a) Hollandi ahjus sulatage veganvõi mõõdukal kuumusel. Küpseta sellerit ja sibulat, kuni need on pehmed.
b) Lisa puljong ja lase keema tõusta.
c) Lisa nuudlid, sool ja pipar ning sega ühtlaseks.
d) Küpseta 35 minutit kaaneta või kuni nuudlid on keedetud, perioodiliselt segades.
e) Lisa kaunistuseks petersellioksad.

24. Butternut Squash Lasanje

KOOSTISOSAD:
- 9 lasanje nuudlit, keedetud
- 5 tassi sooja, maitsestatud kartulipüree,
- 24 untsi pakk kõrvitsat
- 1½ tassi vahustatud mandli ricotta juustu
- 1 tl sibulapulbrit
- ½ tl muskaatpähklit
- 1 tl soola
- ½ tl musta pipart
- 1 tass prantsuse praetud sibulat

JUHISED:
a) Kuumuta ahi temperatuurini 350 °F.
b) Katke 9 x 13-tolline küpsetusnõu küpsetussprei abil.
c) Segage segamisnõus kartulid, kõrvits, vahustatud mandli ricotta juust, sibulapulber, muskaatpähkel, sool ja must pipar.
d) Valmistatud ahjuvormi põhja pane 3 nuudlit.
   Määri osa kartulisegudest nuudlitele. Korrake kihte veel kaks korda.
e) Küpseta 45 minutit alumiiniumfooliumiga peal; eemalda foolium ja küpseta veel 8–10 minutit või kuni see on pruun ja kuumenenud.

25. Seene ja roheliste ubade pajaroog

KOOSTISOSAD:
- 16 untsi kott rohelisi ube, sulatatud
- 3 spl jahu
- 1 ¾ tassi taimset piima
- 8-untsine pakk seeni, viilutatud
- ½ tl soola
- ¼ tl musta pipart
- ¼ tassi murendatud Vegan Gorgonzola juustu
- ½ tassi prantsuse praetud sibulat

JUHISED:
a) Kuumuta ahi temperatuurini 350 °F.
b) Katke 2-liitrine küpsetusnõu küpsetussprei abil.
c) Laota rohelised oad ahjuvormi.
d) Sega potis jahu ja taimne piim.
e) Lisage seened, sool ja pipar; lase keema tõusta ja küpseta sageli segades 4–5 minutit või kuni kaste pakseneb.
f) Sega hulka vegan juust, seejärel vala rohelistele ubadele. Sega oad õrnalt läbi.
g) Küpseta 15 minutit.
h) Võta ahjust välja, kata praetud sibulaga ja küpseta veel 10–15 minutit või kuni mullitamiseni.

26.P kõrvitsa kikerherne kookospähkel Curry

KOOSTISOSAD:
- 2 spl oliiviõli
- ½ tassi sibulat, tükeldatud
- 3 küüslauguküünt, pressitud või hakitud
- 1 spl ingverit, riivitud
- 2 ja ½ tassi kõrvitsat, kooritud ja kuubikuteks lõigatud
- 2 ja ½ supilusikatäit punast karripastat
- 14 untsi purki kookospiima
- 2 tassi brokkolit, lõigatud õisikuteks
- 1 tass konserveeritud kikerherneid
- ½ tassi india pähkleid, soolamata
- 1 spl laimimahla
- ¼ tassi koriandrit, tükeldatud

JUHISED:
a) Kuumuta suures potis õli mõõdukal kuumusel. Lisa sibul, ingver ja küüslauk. Prae veel minut või kuni sibul on pehme, läbipaistev ja lõhnav.
b) Viska sisse karripasta ja kõrvits. Küpseta veel minut.
c) Kuumuta keemiseni, sega juurde kookospiim. Alandage kuumust madalaks ja katke kaanega. Keeda 15 minutit madalal kuumusel.
d) Lisa brokkoli ja jätka keetmist ilma kaaneta veel 5 minutit.
e) Lisa kikerherned, india pähklid ja laimimahl ning sega ühtlaseks.
f) Enne serveerimist kaunista koriandriga.

27. Holiday küpsetatud tempeh

KOOSTISOSAD:
- 6 untsi tempeh, lõigatud üksikuteks ruutudeks
- ½ tassi värskeid ürte
- 2 spl tamari- või sojakastet
- 1 spl oliiviõli
- 1 spl õunasiidri äädikat
- ½ supilusikatäit puhast vahtrasiirupit
- ½ kõrvitsat, kooritud ja õhukesteks viiludeks
- 2 spl taimset võid
- Jäme koššersool ja jahvatatud must pipar

JUHISED:
a) Kuumuta ahi 400 kraadi Fahrenheiti järgi.
b) Tõmblukuga kotis korraldage tempeh.
c) Lisa ürdid, tamari, oliiviõli, õunasiidri äädikas ja vahtrasiirup ning sega kõik kokku.
d) Laske tempel marineerida 2 tundi või kuni üleöö.
e) Pintselda kõrvitsapaelad taimse võiga ning maitsesta soola ja pipraga ning laota need ühe kihina.
f) Küpseta kõrvitsat 5 minutit.
g) Laske squashil täielikult jahtuda, enne kui mähite selle ümber marineeritud tempehi ja asetate selle ettevalmistatud küpsetuspannile.
h) Küpseta 15-20 minutit.

28.Vegan lihaleib

KOOSTISOSAD:
- 2 tl kookosõli või mis tahes õli
- ¼ tassi hakitud punast sibulat
- 2 sellerivart, tükeldatud
- 5 küüslauguküünt, hakitud
- 15 untsi. purk kikerherneid, nõrutatud ja põhjalikult loputatud
- 1 ¾ tassi värskelt keedetud pruunid läätsed
- 2 tl vedelat suitsu
- 2 tl vegan Worcestershire'i kastet või vedelamat suitsu
- 1 ¼ tassi riivsaia, vajadusel gluteenivaba
- ½ tl meresoola
- ½ tl jahvatatud musta pipart
- 3 spl tomatipastat
- ½ tl tüümiani

TOMATIGLAASI
- 2 spl tomatipastat
- 2 tl õunasiidri äädikat
- 1 spl vahtrasiirupit või agaavi või vedelat magusainet
- ¼ teelusikatäit meresoola

JUHISED
TOMATIGLAASI
a) Segage väikeses kausis tomatipasta, õunasiidri äädikas, vahtrasiirup ja meresool ning pange see kõrvale, kuni seda vajate.

LIHAPÄÄS
b) Kuumuta oma ahi temperatuurini 375 ° F / 190 ° C.
c) Valmistage päts ette, vooderdades see küpsetuspaberiga nii, et see ripuks üle külgede.
d) Kuumuta pannil keskmisel kuumusel õli.
e) Lisa küüslauk, punane sibul ja seller. Prae umbes 5 minutit , kuni sibul on läbipaistev, seller on pehmenenud ja küüslauk lõhnav .
f) Suures kausis lisage kõik koostisosad.
g) Sega puulusikaga veidi läbi. Leian, et see aitab vedelaid koostisosi ubade ja riivsaia vahel võrdselt jaotada.
h) Lisa köögikombainis kõik kausist võetud koostisosad. Mul on 10-tassine köögikombain, nii et kui teie oma on väiksem, võiksite seda

panna järk-järgult. Pulse paar korda, kuni kõik hakkab kokku tulema.

i) Vala/kühveldage segu oma küpsetuspaberiga vooderdatud leivavormi. Silu spaatliga pealt alla. Vala üle oma varasema glasuuriga, siludes seda lusika või spaatliga.
j) Küpseta 45 minutit kuni 60 minutit. Minu päts valmis umbes 55 minutiga. See on valmis, kui hambaork väljub enamasti puhtana.
k) Eemaldage ahjust ja laske 10 minutit jahtuda . Eemalda leivavormist ja viiluta ning serveeri. Nautige!

29.Butternut Squash Lasanje

KOOSTISOSAD:
- 9 lasanje nuudlit , keedetud
- 5 tassi sooja, maitsestatud kartulipüree,
- 24 untsi pakk kõrvitsat
- 1½ tassi vahustatud mandli ricotta juustu
- 1 tl sibulapulbrit
- ½ tl muskaatpähklit
- 1 tl soola
- ½ tl musta pipart
- 1 tass prantsuse praetud sibulat

JUHEND :
a) Kuumuta ahi temperatuurini 350 °F.
b) Katke 9 x 13-tolline küpsetusnõu küpsetussprei abil.
c) Segage kartulid, kõrvits, vahustatud mandli-ricotta juust, sibulapulber, muskaatpähkel, sool ja must pipar kokku suures segamisnõus.
d) Valmistatud ahjuvormi põhja pane 3 nuudlit.
e) Määri 1/3 kartulisegust nuudlitele. Korrake kihte veel kaks korda.
f) Küpseta 45 minutit alumiiniumfooliumiga peal; eemalda foolium ja küpseta veel 8–10 minutit või kuni see on pruun ja kuumenenud.

SALATID

30. Jõhvika-pekaani salat

KOOSTISOSAD:
SALAT:
- 3 kasti orgaanilist segarohelist
- 1 kurk , kooritud ja tükeldatud
- 2 kotti kuivatatud jõhvikaid
- 2 tassi hakitud pekanipähklit
- 2 tassi peeneks hakitud vegan Šveitsi juustu

RIIDEMINE:
- 2 pakki Itaalia kastmesegu

JUHISED:
a) Sega kõik salati koostisosad .
b) Nirista üle kastmega ja serveeri.

31.Vegan sellerisalat

KOOSTISOSAD:
- 1 tass õhukesi hakitud sellerivarsi
- 1 spl hakitud hapukurki
- 1 spl vegan majoneesi
- ¼ tassi musti oliive
- 1 spl kapparid
- Must pipar maitse järgi

JUHISED:
a) Sega kausis kõik koostisained pastataoliseks konsistentsiks .
b) Tõsta üks supilusikatäis segu kreekerile või salatilehele .
c) Lisage kreekerile oliiv või keerake salatileht sellerisalati peale ja kinnitage see hambaorkuga.
d) Serveeri vaagnal.

32.Suvikõrvits õunasalatiga

KOOSTISOSAD:
- 2 kõrvitsat , lõigatud ½-tollisteks tükkideks
- ½ tassi poolitatud pärlsibulat
- Ekstra neitsioliiviõli, tilgutamiseks
- 2 supilusikatäit pepitasid ja/või piiniaseemneid
- 2 tassi rebitud lacinato lehtkapsast, 2 kuni 3 lehte
- 6 salveilehte, tükeldatud
- Lehed 3 tüümianioksast
- 1 gala õun, tükeldatud
- Meresool ja värskelt jahvatatud must pipar

JUHISED:
a) Kuumuta ahi 425 kraadini Fahrenheiti ja vooderda küpsetusplaat küpsetuspaberiga.
b) Nirista ahjuplaadil olevatele kõrvitsatele ja sibulatele oliiviõli ning näpuotsaga soola ja pipart.
c) Viska katteks ja laota seejärel linale, et need kokku ei puutuks. Rösti 25–30 minutit või kuni kõrvits on igast küljest kuldpruun ning sibul on pehme ja karamelliseerunud.
d) Viska pepitad koos näpuotsatäie soolaga pannile keskmisel-madalal kuumusel ja rösti umbes 2 minutit, sageli segades. Kõrvale panema. Lisa lehtkapsas , salvei ja tüümian .
e) Sega küpsetusnõus soe röstitud kõrvits ja sibul, õunad, pool pepitast ja pool kastmest. Viska.
f) Küpseta 8 kuni 10 minutit .
g) Nirista peale ülejäänud kaste ja vahetult enne serveerimist kalla peale ülejäänud pepitas .

33. Karri lillkapsa, viinamarja ja läätse salat

KOOSTISOSAD:
LILLkapsas
- 1 pea lillkapsas, jagatud õisikuteks
- 1½ supilusikatäit sulatatud kookosõli
- 1½ supilusikatäit karripulbrit
- ¼ teelusikatäit meresoola

SALAT
- 5-6 tassi segatud rohelisi, lehtkapsast, spinatit
- 1 tass keedetud läätsi, loputatud ja nõrutatud
- 1 tass punaseid või rohelisi viinamarju, poolitatud
- Värske koriander
- Tahini kaste

JUHISED
a) Kuumuta ahi 400 kraadini F.
b) Vooderda ahjuplaat küpsetuspaberiga.
c) Lisage lillkapsas segamisnõusse ja segage kookosõli, karripulbri ja meresoolaga.
d) Tõsta küpsetusplaadile ja rösti lillkapsast 20-25 minutit või kuni see on kuldpruun ja pehme.
e) Pane salat kokku, lisades serveerimisvaagnale või kaussi salatit.
f) Tõsta peale läätsed, viinamarjad ja keedetud lillkapsas ning serveeri kastmega.
g) Kaunista värske koriandriga.

34.Läätse ja suvikõrvitsa salat

KOOSTISOSAD:
- 150 g kuivatatud läätsi
- 400ml Köögiviljapuljong, pärmivaba
- ½ sidruni
- 2 küüslauguküünt
- 4 tomatit, kooritud
- 1 sibul
- 1 pipar
- 1 tükk ingverit
- 1 suvikõrvits
- Natuke seemneid
- Värske basiilik
- Nirista peale kookosõli

JUHISED:
a) Hauta läätsed köögiviljapuljongis ja ½ sidruni mahlas.
b) Prae sibul kookosõliga läbi.
c) Sega hulka suvikõrvits, küüslauk, paprika, tomatid ja ingver ning hauta.
d) Lõpeta segades läätsed, ürdid ja seemned ning kohanda maitse järgi.

35.Läätse- ja õunasalat

KOOSTISOSAD:
SALATI JAOKS:
- 2 tassi prantsuse rohelisi läätsi
- 4 Granny Smithi õuna, südamikust puhastatud ja tükeldatud
- ½ tassi soolamata päevalilleseemneid, röstitud
- ½ tassi värsket koriandrit, hakitud

VIINIGRETTI KOHTA:
- 2 tl värsket ingverit, riivitud
- 2 tl toores vahtrasiirupit
- ½ tassi värsket laimimahla
- ½ tassi oliiviõli
- Sool ja jahvatatud must pipar

JUHISED:
a) Lisa suurel kuumusel suurde veepotti läätsed ja aja need keema.
b) Alanda kuumust ja küpseta kaane all 22–25 minutit.
c) Nõruta täielikult ja pane suurde segamisnõusse jahtuma.
d) Kombineeri ülejäänud salati koostisosad suures segamiskausis.
e) Teises kausis lisage kõik kastme koostisosad ja vahustage, kuni see on hästi segunenud.
f) Vala kaste läätsesegule ja sega ühtlaseks.

36.C jõhvika C itrus salat

KOOSTISOSAD:
SALATI JAOKS:
- 1 apelsin, kooritud ja jagatud
- 1 greip, kooritud ja tükeldatud
- 2 supilusikatäit magustamata kuivatatud jõhvikaid
- 3 tassi segatud lehtsalatit

RIIDETUMISEKS:
- 2 spl oliiviõli
- 2 supilusikatäit värsket apelsinimahla
- 1 tl Dijoni sinepit
- ½ tl toores vahtrasiirup
- Sool ja jahvatatud must pipar

JUHISED:
a) Salati jaoks: Pane kõik koostisosad salatikaussi ja sega läbi.
b) Vinegreti jaoks: pane kõik koostisosad teise kaussi ja sega korralikult läbi.
c) Nirista kaste salatile ja sega kokku. Serveeri kohe.

SUPID JA HAUTUSED

37.Pühade kõrvitsasupp

KOOSTISOSAD:
- 600 g kõrvitsat, kooritud ja tükeldatud
- 2 tassi köögiviljapuljongit
- 1 tl köömne pulbrit
- ½ tassi kookospiima
- praeõli
- 1 spl sidrunheina, hakitud
- 1 ingver, kooritud ja riivitud
- 2 kaffirlaimi lehte, tükeldatud
- 1 tl koriandri seemneid
- 1 punane paprika, seemnetest puhastatud ja viilutatud
- 1 värske kurkum, kooritud ja viilutatud
- Must pipar maitse järgi
- 1 šalottsibul, hakitud
- 4 küüslauguküünt

JUHISED
a) Enne küpsetusplaadile asetamist ja kuldpruuniks röstimist viska kõrvits õlisse.
b) Kuumuta pannil õli ja prae šalottsibul pruuniks.
c) Lisa köömned ja koriander.
d) Lisage kaffiri lehed, kurkum, ingver, sidrunhein ja tšilli ning küpseta veel minut, segades, et vältida kõrbemist.
e) Lisage kõrvits puljongile, katke kaanega ja keetke
f) Hauta veel 10 minutit.
g) Lisa kookospiim ja keeda 6 minutit .

38. Butternut squashisupp

KOOSTISOSAD:
- 3 tassi toorest kõrvitsat, kooritud, kuubikuteks lõigatud
- 1 bataat, kuubikuteks
- 2 porgandit, viilutatud
- ½ tassi sibulat, hakitud
- 1 spl õunasiidri äädikat
- 1 spl pruuni suhkrut
- 3 küüslauguküünt
- 1-liitrine köögiviljapuljong

JUHISED:
a) Kuumuta ahi temperatuurini 300 °F ja küpseta bataadi- ja squashikuubikuid 45 minutit või kuni need on pehmed.
b) Lase suures supipotis üks liiter vett keema.
c) Keeda 15 minutit koos kartulisegu , sibula ja porgandiga.
d) Tõsta tulelt ja jäta 10 minutiks kõrvale jahtuma.
e) Sega segistis äädikas, suhkur ja küüslauk ning sega ühtlaseks massiks.
f) Sega supi hulka ja serveeri.

39. Kartuli porrusupp

KOOSTISOSAD:
- 4 tassi mineraalpuljongit
- 4 rusket kartulit
- 3 porrut
- 1 küüslauguküünt
- 1 tl halli meresoola
- ½ tl pipart
- 2 spl kookosõli

JUHISED:
a) Sulata kastrulis mõõdukal kuumusel kookosõli. Prae kartulid, porrulauk ja küüslauk.
b) Lisage puljong ja laske keema tõusta, seejärel alandage madalal kuumusel ja keetke kaanega 20 minutit. Veenduge, et kartulid oleksid pehmed.
c) Blenderda supp segisti abil sametiseks ühtlaseks.
d) Vaata ason ja serveeri.

40.Pastinaagi talvesupp

KOOSTISOSAD:
- 1½ tassi kollast sibulat – õhukeseks viilutatud
- 1 tass sellerit – õhukesteks viiludeks
- 16 untsi köögiviljapuljongit
- 3 tassi beebispinatit
- 4 tassi tükeldatud pastinaaki, kooritud ja kuubikuteks lõigatud
- 1 spl kookosõli
- ½ tassi kookospiima

JUHISED:
a) Sööge suurel pannil mõõdukal kuumusel õli ning küpsetage sibul ja seller.
b) Lisa pastinaak ja puljong ning kuumuta keemiseni.
c) Vähendage kuumust ja katke kaanega 20 minutit.
d) Lisage spinat, segage hästi, eemaldage kuumusest ja püreesta supp partiidena segistis ühtlaseks massiks.
e) Lisa kookospiim ja serveeri kohe.

41. Läätsede ja pähklikõrvitsahautis

KOOSTISOSAD:
- 225g pruunid läätsed, leotatud
- 2 pruuni sibulat
- 750 ml nisuvaba köögiviljapuljongit
- 4 porgandit
- ½ suvikõrvitsat
- 1 maguskartul
- 2 valget kartulit
- 1 pulk sellerit
- Peotäis värskeid aedherneid
- Peotäis kressi
- 2 spl värsket tilli
- 1 tl tamari kastet

JUHISED:
a) Tooge puljong ja sibul pannil keema.
b) Lisage läätsed , kartulid, suvikõrvits ja porgand ning hautage 15 minutit.
c) Viska sisse seller, värsked herned, lehed ja till.

42. Maisihautise kreem

KOOSTISOSAD:
- 2 tassi värskelt lõigatud maisiterad
- ¼ tassi värsket viilutatud sibulat
- 1 küüslauguküünt
- 1 spl kookosõli
- 1 retsept taimse kreemsupi põhi

JUHISED:
a) Prae suurel pannil kookosõlis segades maisi , sibulat ja küüslauku 5 minutit.
b) Sega blenderis see segu jahtunud taimse kreemsupipõhjaga.
c) Serveeri kohe.

43.P kõrvitsa kikerherne kookospähkel Curry

KOOSTISOSAD:
- 2 spl oliiviõli
- ½ tassi sibulat, tükeldatud
- 3 küüslauguküünt, pressitud või hakitud
- 1 spl ingverit, riivitud
- 2½ tassi kõrvitsat, kooritud ja kuubikuteks lõigatud
- 2½ supilusikatäit punast karripastat
- 14 untsi purki kookospiima
- 2 tassi brokkolit, lõigatud õisikuteks
- 1 tass konserveeritud kikerherneid
- ½ tassi india pähkleid, soolamata
- 1 spl laimimahla
- ¼ tassi koriandrit, tükeldatud

JUHEND :
a) Kuumuta suures potis õli keskmisel kuumusel. Lisa sibul, ingver ja küüslauk.
b) Prae veel minut või kuni sibul on pehme, läbipaistev ja lõhnav.
c) Viska sisse karripasta ja kõrvits. Küpseta veel minut.
d) Kuumuta keemiseni, sega juurde kookospiim. Alandage kuumust madalaks ja katke kaanega.
e) Keeda 15 minutit madalal kuumusel.
f) Lisa brokkoli ja jätka keetmist ilma kaaneta veel 5 minutit.
g) Lisa kikerherned, india pähklid ja laimimahl ning sega ühtlaseks.
h) Enne serveerimist kaunista koriandriga.

KÕRVALROAD

44. Seesami rohelised oad

KOOSTISOSAD:
- 2 naela varrega rohelisi ube
- 3 spl seesamiõli
- 1 spl riisiäädikat
- 1 spl sidrunimahla
- 1 tl värsket riivitud ingverit
- 2 spl seesamiseemneid
- ¼ teelusikatäit koššersoola

JUHISED:
a) Aja vesi suures potis keema. Küpseta rohelisi ube 3–4 minutit, kuni need on krõbedad ja pehmed. Tühjendage vesi ja asetage see kõrvale.
b) Segage segamisnõus teised koostisosad ja vahustage, kuni need on põhjalikult segunenud.
c) Segage rohelised oad ja segage hästi.
d) Lisa maitse järgi värskelt jahvatatud pipart .

45.Pannil praetud porgandid

KOOSTISOSAD:
- 4 tassi porgandit, viilutatud
- 4 küüslauguküünt, viilutatud
- 1 tl õli
- 1 tass puhastatud vett
- 1 tl meresoola

JUHISED:
a) Küpseta mõõdukal kuumusel pannil küüslauk ja lisa vesi.
b) Viska sisse porgandid ja lase keema tõusta, seejärel alanda madalale kuumusele ja kata kaanega 10 minutit. Serveeri kohe.

46.Vegan kammkartul

KOOSTISOSAD:
- 6-8 õhukesteks viiludeks lõigatud kartulit
- 1 purk vegan Cheddari juustusuppi
- 1-½ tassi riivitud vegan Cheddari juustu
- 12 untsi mandlipiima purki
- Sool ja pipar

JUHISED:
a) Piserdage potti seest keeduspreiga.
b) Asetage pool tükeldatud kartulitest potti.
c) Lisa ½ purki tükeldatud suppi, ¾ tassi riivitud veganjuustu ja ½ tassi mandlipiima.
d) Maitsesta maitse järgi soola ja pipraga.
e) Ülejäänud koostisosad lao kihiti samas järjekorras nagu esimene.
f) Küpseta kõrgel kuumusel 6 tundi.

47.Punase nahaga kartulipüree

KOOSTISOSAD:
- 10 naela punanahast kartulit
- 2 pulka taimset võid
- 2 tassi taimset hapukoort
- ¾ tassi taimset piima
- 2 tl küüslaugupulbrit
- soola ja pipart maitse järgi

JUHISED:
a) Keeda kartulid suures potis pehmeks .
b) Kurna kurn.
c) Segamisnõusse pane kuumutatud kartulid.
d) Sega mikseriga kartulite hulka taimne või .
e) Sega või püreesta ülejäänud koostisosad .
f) Serveeri.

48.Lillkapsas pirnide ja sarapuupähklitega

KOOSTISOSAD:
- 6 supilusikatäit soolamata taimset võid
- 1 pea lillkapsas, lõigatud õisikuteks
- ½ tassi röstitud, hakitud sarapuupähkleid
- 8 värsket salveilehte õhukesteks viiludeks
- Kosher sool ja jahvatatud must pipar
- 2 küpset pirni, südamikust puhastatud ja õhukesteks viiludeks lõigatud
- 2 supilusikatäit. hakitud värsket lehtpeterselli

JUHISED:
a) Sulata taimne või 12-tollisel pannil mõõdukal kuumusel, kuni see on kergelt kuldne ja mullitav.
b) Lisage lillkapsas, kreeka pähklid ja salvei ning keetke aeg-ajalt segades 2 minutit.
c) Lisage 1 tl soola ja ½ tl pipart ning hautage aeg-ajalt keerates veel 6–7 minutit või kuni lillkapsas on pruunistunud ja krõbe.
d) Lisa pirniviilud ja petersell ning viska pirnid õrnalt läbi .
e) Lisa maitse järgi veel soola.

49.Maisi vanillikaste

KOOSTISOSAD:
- 4 tassi maisi
- 1 supilusikatäit taimne, kuid t er
- 1 supilusikatäis hakitud sibulat
- 1 spl jahu
- 1 tass taimset kreemi
- Sool ja pipar

JUHISED:
a) Kuumuta ahi temperatuurini 3 25 kraadi Fahrenheiti järgi .
b) Prae mittenakkuval pannil sibulad. Sega juurde jahu, kuni kõik on hästi segunenud .
c) Viska sisse külmutatud mais koos vedelikuga. Tõstke temperatuur kõrgeks.
d) Viska maisi, kuni peaaegu kogu vedelik on aurustunud.
e) Lisage taimne kreem ja b õli 2-3 minutiks
f) Maitsesta soola, pipraga.
g) Vahusta maisi-sibula segu aeglaselt.
h) Vala segu ahjuvormi ja küpseta umbes 30 minutit või kuni kreem on tahenenud .

50.Lihtsad röstitud rooskapsad

KOOSTISOSAD:
- 4 tassi rooskapsast, blanšeeritud
- Näputäis Värsket tüümiani
- Sool ja pipar

JUHISED:
a) Viska idud vähese taimeõliga üle .
b) Rösti idud 400° ahjus lehtplaadil mõne värske tüümianioksaga.
c) Kata idud esimesed 5 minutit fooliumiga, seejärel eemalda kate ülejäänud 5 minutiks.
d) Soola ja pipar idud ning aseta need serveerimisnõusse.

51.Praetud mais

KOOSTISOSAD:
- 1 pakk külmutatud maisi
- 1 spl taimset võid
- 4-5 supilusikatäit taimset koort
- Värskelt riivitud muskaatpähkel
- Sool ja pipar
- ¼ tl kuivatatud tüümiani

JUHISED:
a) Sulata nakkumatul praepannil mõõdukal kuumusel taimne või.
b) Lisage mais ja kuivatatud tüümian ning t oss , kuni peaaegu kogu vedelik on aurustunud.
c) Vala sisse taimne kreem.
d) Maitsesta muskaatpähkli, soola ja pipraga maitse järgi.
e) Tõstke kuumus kõrgele ja jätkake küpsetamist, kuni mais on täielikult kaetud.

52.Lillkapsas juustukastmega

KOOSTISOSAD:
- 1 pea lillkapsas, blanšeeritud
- 1 tass taimset piima
- 1 tass hakitud vegan juustu
- 1½ T supilusikatäit taimne või
- 1 tl Dijoni sinepit
- 1½ T supilusikatäit jahu
- Sool ja pipar

JUHISED:
a) Sulata paksupõhjalises kastrulis taimne või. Vahusta jahu, kuni see on võiga hästi niisutatud .
b) Lisa taimne piim ja hauta pidevalt segades, kuni kaste on paksenenud.
c) Segage vegan juustu, kuni kõik on hästi segunenud . Lisa maitse järgi s alt ja pipart.
d) Viska lillkapsas vegan juustukastmega ja serveeri kohe või hoia ahjus soojas.

53.Brandy Glasuuritud porgandid

KOOSTISOSAD:
- 2 naela porgandit, kooritud ja lõigatud müntideks
- ½ tassi pruuni suhkrut
- ½ tassi taimset võid
- ½ tass brändit Vesi

JUHISED:
a) Sulata praepannil taimne või. Viska porgandid ja suhkur koos võiga.

b) Küpseta porgandeid mõõdukal kuumusel, kuni need hakkavad karamellistuma.

c) Keera brändit leegiga, kuni see läbi põleb.

d) Niiskuse aurustumisel lisage porgandite küpsemise ja kleepumise vältimiseks vähehaaval vett.

e) saavutatakse soovitud küpsusaste.

54.Puhkus Hautatud naeris

KOOSTISOSAD:
- ½ naela kaalikat , kooritud ja viiludeks lõigatud
- 2 T supilusikatäit tomatipastat
- 2 T supilusikatäit vegan võid
- 1 sibul, kooritud ja kuubikuteks lõigatud
- 1 tl kuivatatud tüümiani
- 1 porgand, kooritud ja kuubikuteks lõigatud
- 1 loorberileht
- 2 sellerivart, tükeldatud
- Sool ja pipar
- 1½ tassi puljongit või vett
- 2 T spl veganvõid, pehmendatud
- 1 T supilusikatäit jahu

JUHISED:
a) Sulata pannil veganvõi. Lisage sibul , seller ja porgand.
b) Küpseta umbes 5 minutit. Lisa puljong, tomatipasta, tüümian ja loorberileht naeri ning sibula, porgandi ja selleri segule.
c) Küpseta 30–40 minutit kaanega 350 °F ahjus.
d) Kaalika haudumise ajal valmista veganvõi ja jahuga pasta.
e) Tõsta kaalikas serveerimisnõusse ja hoia pannil soojas.
f) Kurna hautamisvedelik kastrulisse. Lisa kastmesse tükid vegan-või-jahusegu ja vahusta, kuni see pakseneb.
g) Maitsesta s alt ja pipraga ning vala siis kaste kaalikatele .

55.Au Gratin Kartul

KOOSTISOSAD:
- 2 naela kartulit, kooritud ja viilutatud
- 2 spl sulatatud taimset võid
- ½ tl soola
- ¼ tl musta pipart
- 1 tass riivitud vegan Cheddari juustu
- ¼ tassi värsket leivapuru

JUHISED:
a) Kuumuta ahi temperatuurini 425 ° F.
b) Katke 1–½-liitrine pajaroog küpsetussprei abil.
c) pajarooga kihiti viilutatud kartulid .
d) Nirista peale sulatatud taimset võid ning maitsesta soola ja pipraga.
e) Kaunista leivapuru ja riivitud vegan Cheddari juustuga.
f) Küpseta 30 minutit kaanega, või kuni kartulid on keedetud .

56.Puhkuse koorega spinat

KOOSTISOSAD:
- 2 spl taimset võid
- 2 spl universaalset jahu
- 20 untsi pakk külmutatud tükeldatud spinatit, sulatatud ja hästi kuivendatud
- 1 tass taimset rasket koort
- ½ tl jahvatatud muskaatpähklit
- ½ tl küüslaugupulbrit
- ½ tl soola

JUHISED:
a) Sulata taimne või pannil mõõdukal kuumusel; klopi sisse jahu kuldseks.
b) Lisage ülejäänud koostisosad, segage hästi ja hautage 3–5 minutit või kuni see on hästi küpsenud.

57.Succotash

KOOSTISOSAD:
- 2 tassi aurutatud maisi
- 2 tassi Lima ube , keedetud
- ½ tl soola
- Natuke pipart
- 2 spl kookosõli
- ½ tassi kookospiima

JUHISED:
a) Sega mais ja oad kokku ning maitsesta soola ja pipraga.
b) Lisa kookospiim ja õli ning kuumuta keemiseni.
c) Serveeri kohe.

58.Brüssel pancettaga

KOOSTISOSAD:
- ½ naela pancetta lõigatakse kuubikuteks
- 2-3 spl oliiviõli jagatud
- 1 nael värskeid rooskapsaid
- 2 spl vahtrasiirupit
- 1 spl valget palsamiäädikat
- Kosher sool ja jahvatatud must pipar

JUHISED:
a) Kuumutage malmpannil mõõdukal kuumusel 1 spl oliiviõli. Küpseta pancettat, kuni see on aromaatne ja hakkab krõbedaks muutuma. Nõruta paberrätikuga vooderdatud taldrikul ja tõsta kõrvale.
b) Katke rooskapsa otsad ja lõigake need juurest otsteni pooleks.
c) Aseta rooskapsas lõikega pool allapoole võrdse kihina pannile ja küpseta 4-5 minutit või kuni idud hakkavad pruunistuma ja karamellistuma, seejärel keera ümber, maitsesta koššersoola ja musta pipraga, alanda kuumust ja kata panniga. kaas.
d) Anna pancetta tagasi pannile.
e) Viska peale ülejäänud supilusikatäis oliiviõli, vahtrasiirupit ja palsamiäädikat ning kuumuta veel minut või kaks .
f) Lisa maitse järgi koššersoola ja jahvatatud musta pipart ning serveeri.

59. Praetud porrulauk parmesaniga

KOOSTISOSAD:
- 6 õhukest l eek , pikuti poolitatud
- 2 spl oliiviõli
- Kosher sool
- Värskelt jahvatatud must pipar
- ¼ tassi kuiva või poolkuivat valget veini
- 3 spl soolata köögiviljapuljongit
- 1 spl soolamata taimset võid
- 3 spl värskelt riivitud parmesani

JUHISED:
a) Lisa õli suurele paksupõhjalisele pannile ja kuumuta mõõdukal kuumusel.
b) Kui õli on kuum, asetage porrulauk ühe kihina ja lõigake pool allapoole.
c) Viska porrut tangidega, kuni see on õrnalt pruunistunud , 3–4 minutit.
d) Soola ja pipar porrulauk ning keera siis lõikepool allapoole.
e) Panni glasuurimiseks segage veiniga. Täida pott nii palju puljongit, et see kataks porrupealsed.
f) Kuumuta keemiseni, alanda siis madalal kuumusel ja keeda kaanega 15-20 minutit või kuni porru on pehme.
g) Nirista aeglaselt sisse taimne või.
h) Tõsta porru lõikepool üleval taldrikule ja raputa peale veganjuust.

60.Röstitud peet tsitrusviljadega

KOOSTISOSAD:
- 6 kuni 8 punast või kollast peeti
- Ekstra-neitsioliiviõli, tilgutamiseks
- 1 naba oranž
- Dash Sherry äädikas või palsamiäädikas
- ½ sidruni mahl või maitse järgi
- Peotäis kressi lehti, rukolat või mikrorohelisi
- Meresool ja jahvatatud must pipar
- vegan juust
- Hakitud kreeka pähklid või pistaatsiapähklid

JUHISED:
a) Kuumuta ahi 400 kraadi Fahrenheiti järgi.
b) Nirista peeti rikkalikult oliiviõli, näputäie meresoola ja värskelt jahvatatud musta pipraga .
c) Mähi peedid fooliumisse ja rösti 35–60 minutit või kuni need on pehmed ja kahvliga pehmed .
d) Võta peedid ahjust välja, eemalda foolium ja tõsta kõrvale jahtuma.
e) Koorige nahad, kui need on puudutamisel jahedad. Lõika need 1-tollisteks viiludeks või tükkideks.
f) Viiluta apelsin kolmandikuks ja jäta ülejäänud ¼ viilu pigistamiseks alles.
g) Viska peet oliiviõli ja šerriäädika, sidrunimahla, ülejäänud viiludest pressitud apelsinimahla ning mõne näputäie soola ja pipraga läbi. Tõsta serveerimiseks külmkappi.
h) Enne serveerimist lisa maitse järgi veel soola ja pipart või äädikat.
i) Asetage apelsinilõigud, kress ja tsitruselised kiharad tassile.

61.Melass, maguskartulipüree

KOOSTISOSAD:
- 4 s märjad kartulid , tükelda 1-tollisteks tükkideks
- 8 porgandit, lõigatud 1-tollisteks tükkideks
- 4 pastinaaki , lõigatud 1-tollisteks tükkideks
- Kosher sool
- 4 supilusikatäit. soolata taimne või
- 1/4 tassi taimset hapukoort
- 1/4 tassi melassi
- 1 supilusikatäis. peeneks riivitud värske ingver
- 1/2 tassi pool ja pool
- Värskelt jahvatatud must pipar

JUHISED:
a) Aseta bataat, porgand ja pastinaak kastrulisse ning kata veega.
b) Kuumuta keemiseni, alanda seejärel madalale kuumusele ja keeda 15–20 minutit või kuni köögiviljad on pehmed. Nõruta ja tõsta uuesti kastrulisse.
c) Kuivatage köögiviljad pannil, panni aeg-ajalt raputades, et vältida kleepumist .
d) Lisage taimne või, taimne hapukoor, melass, ingver ja pool ja pool.
e) lisage s alt ja pipar, maitse ja kohandage vürtse.

62. Pärlsibula gratiin parmesaniga

KOOSTISOSAD:
- 2 naela külmutatud pärlsibulat, sulatatud
- 1 tass taimset rasket koort
- 34-tollised värske tüümiani oksad
- Kosher sool ja jahvatatud must pipar
- 3 spl soolata taimset võid, sulatatud
- 1 tass jämedat värsket riivsaia
- 1/4 tassi riivitud India pähkli juust
- 1/2 tl kuivatatud soolaseid lehti, murendatud

JUHISED:
a) Kuumuta ahi 400 kraadi Fahrenheiti järgi.
b) Kuumuta potis sibul ja vesi.
c) Kui sibul kuumeneb, segage ja eraldage need kahvliga.
d) Alandage kuumust keskmisele ja keetke 5 minutit, kui vesi on jõudnud keemiseni.
e) Nõruta korralikult ja patsuta kuivaks.
f) Segage kastrulis mõõdukal kuumusel taimne koor, tüümian ja ½ tl soola.
g) Kuumuta keemiseni . Eemaldage tüümiani oksad ja visake need ära.
h) Vahepeal pintselda gratiinile või ahjuvormi 1 spl taimset võid.
i) Viska riivsai, india pähkli juust, soolane, ülejäänud 2 supilusikatäit sulatatud taimset võid, 12 tl soola ja mitu jahvatatud pipart segamisnõusse.
j) Ahjuvormis laota sibulad laiali. Laota sibulate peale riivsai ja vala peale koor.
k) Küpseta umbes 30 minutit või kuni riivsai on sügavkuldpruun ja koor keeb äärtest tugevasti.
l) Võta ahjust välja ja tõsta enne serveerimist 10 minutiks kõrvale.

63. Maguskartuli ja porru gratiin

KOOSTISOSAD:
- 2 supilusikatäit. soolata taimne või
- 2 supilusikatäit. oliiviõli
- 6 untsi pancettat, lõigatud 1/4-tollisteks kuubikuteks
- 2 porrulauk , 1/4 tolli paksusteks viiludeks
- 1/4 tassi hakitud küüslauku
- 2 tassi taimset rasket koort
- 3 supilusikatäit. värsked tüümiani lehed
- Kosher sool ja jahvatatud must pipar
- 2 maguskartulit, kooritud ja kuubikuteks lõigatud
- 3 rusket kartulit , kooritud ja kuubikuteks lõigatud

JUHISED:
a) Kuumuta ahi 350 kraadi Fahrenheiti järgi.
b) Kuumuta taimne või ja õli kastrulis mõõdukal kuumusel. Keeda kt he pancettat pruuniks , umbes 9 minutit. Tõsta lõhikuga lusikaga paberrätikutele.
c) Lisage pannile porrulauk ja küüslauk, katke kaanega, alandage madalal kuumusel ja keetke aeg-ajalt keerates umbes 5 minutit või kuni porru on pehmenenud, kuid mitte pruunistunud.
d) Lisage taimne koor, laske keema tõusta, alandage madalal kuumusel ja keetke 5 minutit .
e) Pange tagasi pancetta, tüümian, 1 tl soola ja pipart maitse järgi; kõrvale panema.
f) Määrige 2-liitrine pajaroog taimse võiga.
g) Tõsta 2 supilusikatäit porrukoort võrdselt kartulitele.
h) Laota peale kiht bataati, maitsesta kergelt, siis tõsta peale veel 2 spl porrukreemi.
i) Jätkake ülejäänud kartulitega, kuni need on kõik kasutatud. Nirista järelejäänud porrukreem kartulitele ja suru tugevalt peale.
j) Küpseta 50–60 minutit või kuni pealt on pruun ja keskel olevad kartulid on kahvliga torkamisel pehmed.
k) Serveeri.

64.Röstitud seened kulmuvõis

KOOSTISOSAD:
- 1 kilo seeni
- 1 spl õli
- soola ja pipart maitse järgi
- ¼ tassi taimset võid
- 2 küüslauguküünt, hakitud
- 1 tl tüümiani, hakitud
- 1 spl sidrunimahla
- soola ja pipart maitse järgi

JUHISED:
a) Loputage seened õli, soola ja pipraga, seejärel laotage need ühe kihina küpsetusplaadile ja röstige pooleldi segades 20 minutit või kuni need hakkavad karamellistuma.
b) Sulata kastrulis taimne või, kuni see muutub maitsvaks sarapuupähklipruuniks, seejärel tõsta tulelt ja sega hulka küüslauk, tüümian ja sidrunimahl.
c) röstitud seened segamisnõus pruunistatud taimse võiga ja maitsesta soola ja pipraga!

65.Praetud õunad ingveriga

KOOSTISOSAD:
- 3 õuna, kooritud, puhastatud südamikust ja viilutatud
- 1 spl riivitud värsket ingverit
- 1 tl jahvatatud kaneeli
- 3,5 untsi Stevia pulber
- näputäis meresoola
- 2 spl mandliõli

JUHISED:
a) Kuumuta mittenakkuval pannil mandliõli keemiseni.
b) Lisa ingver, õunad, kaneel, stevia ja sool.
c) Küpseta 8 minutit .

MAGUSTOIT

66.Pekaanipähklipiruka jäätis

KOOSTISOSAD:
- 2 tassi taimset piima
- 1 tass taimset rasket koort
- ½ tassi helepruuni suhkrut
- 1 tl vaniljeekstrakti
- 1 tass jämedalt hakitud pekanipähklit
- ⅔ tassi vahtrasiirupit
- 2 spl sulatatud soolamata taimset võid
- ¼ teelusikatäit koššersoola

JUHISED:
a) Sega potis taimne piim ja taimne kreem .
b) Lisa suhkur ja sega hästi. Kuumuta mõõdukal kuumusel kõrvetuseni.
c) Klopi pannile paar supilusikatäit kuuma piima taimepõhist segu.
d) Kui segu jahtub, jätkake segamist veel 5 minutit või kauem. Sega hulka vanilliekstrakt.
e) Tõsta vanillikaste lusikaga kaussi, kata ja jahuta 6 tundi või üleöö.
f) Röstige pekanipähklid tugeval pannil mõõdukal kuumusel . Segage neid, kuni need on õrnalt pruunistunud. Tõsta pann tulelt. Lisage vahtrasiirup, taimne või ja maitse järgi soola.
g) Segage , et pekanipähklid oleksid ühtlaselt kaetud . Pane segu külmkappi.
h) Valage jahutatud vanillikaste oma jäätisemasinasse ja segage 40–50 minutit või kuni segu on pehme jäätise konsistentsiga.
i) Asetage see segamisnõusse. Raputa sisse jahtunud pähklid ja siirup.
j) Külmutage jäätis ühes või mitmes anumas vähemalt 2 tundi või kuni see on tahke.

67. Kaneelitükkidega leivapuding

KOOSTISOSAD:
LEIVAPUDDING:
- 2 tassi taimset Half and Half
- 2 spl taimset võid
- 1/3 tassi suhkrut
- ¼ tl jahvatatud muskaatpähklit
- 1 tl vaniljeekstrakti
- 3 tassi leiba, tükkideks rebitud
- Peotäis kaneelilaaste

VANILLPIIM:
- 1 tass taimset piima
- ¼ tassi taimset võid
- 1/3 tassi suhkrut
- 1 tl vanilli
- 1 spl jahu
- ½ tl soola

JUHISED:
LEIVAPUDDING:
a) Hauta Half & Half ja taimne või kastrulis mõõdukal kuumusel.
b) Eraldi tassis vahustage muskaatpähkel ja vaniljeekstrakt. Klopi kuumutatud taimne piim ja taimne või segu korralikult läbi.
c) Rebi leib tükkideks ja aseta ettevalmistatud pajavormi.
d) Määri segu peale ja tõsta peale kaneelilaastud.
e) Kata fooliumiga ja küpseta 30 minutit 350 kraadi juures.
f) Eemalda foolium ja küpseta veel 15 minutit.

SOE VANILLPIIM:
g) Sulata taimne või ja sega pastaks jahu.
h) Lisage taimne piim, suhkur, vanill ja sool ning keetke sageli segades 5 minutit või kuni see pakseneb siirupiks.
i) Vala kaste soojale leivapudingule ja serveeri kohe.

68. Küpsetatud karamelliõunad

KOOSTISOSAD:

- 24 õuna kooritud, puhastatud südamikust ja tükkideks lõigatud
- 3 tassi pruuni suhkrut
- ¾ tassi vett
- 6 spl taimset võid
- 3 tl soola
- 6 spl jahu
- ekstra taimne või täppimiseks
- puista kaneeli

JUHISED:

a) Kuumuta ahi 350 kraadi Fahrenheiti järgi.
b) Sega kastrulis kõik kastme koostisosad ja kuumuta pehmeks keemiseni; kaste pakseneb ja muutub karamelli-/kastmetekstuuriks.
c) Jaotage õunad ühtlaselt kahe 9x13-tollise küpsetusplaadi vahel, seejärel katke võrdse koguse karamellkastmega.
d) Määri peale taimne või ja puista peale kaneeli.
e) Küpseta kaane all 1 tund, 30 minuti pärast segades.

69. Tänan Pumpkin Pie

KOOSTISOSAD:
- 30-untsine purk Pumpkin Pie Mixi
- ⅔ tassi taimset piima
- 1 küpsetamata 9-tolline pirukakoor

JUHISED:
a) Kuumuta ahi 425 kraadini Fahrenheiti.
b) Segage segamiskausis kõrvitsapiruka segu ja taimne piim.
c) Vala täidis pirukakoore sisse.
d) Küpseta 15 minutit ahjus.
e) Tõstke temperatuur 350 ° F-ni ja küpsetage veel 50 minutit.
f) Raputage seda õrnalt, et näha, kas see on täielikult küpsenud.
g) Jahuta restil 2 tundi.

70.Puhkusekõrvitsa pisiasi

KOOSTISOSAD:
KOOK:
- 1 karp Vürtsikook , kätega murendatud
- 1 ¼ tassi vett

PUDDINGI TÄIDIS:
- 4 tassi taimset piima
- 4 untsi butterscotch-pudingi segu
- 15 untsi purk kõrvitsa segu
- 1½ tl kõrvitsa vürtsi
- 12 untsi kerge taimne vahukoor

JUHISED:
a) Kombineerige kõik koogi koostisosad 8-tollisel ruudukujulisel küpsetuspannil ja küpsetage 35 minutit või kuni need on hangunud.
b) Jahuta pliidil või restil.
c) Sega kaussi taimne piim ja pudingi segu.
d) Laske paar minutit pakseneda. Sega kõrvits ja maitseained hoolikalt hulka.
e) Alustage sellest, et asetage kihiti pool koogist , seejärel pool kõrvitsa segust , seejärel neljandik koogist ja pool taimset vahukoort
f) Korda kihte
g) Kaunista vahustatud katte ja koogipuruga . Tõsta serveerimiseks külmkappi

71.Pumpkin Dump kook

KOOSTISOSAD:
- 30 untsi kõrvitsapirukapüree
- 2 linamuna
- 1 purk taimset piima
- ½ kasti kollase koogi segu
- 1 tass hakitud kreeka pähkleid
- ½ tassi taimset võid

JUHISED:
a) Kuumuta ahi 350 kraadi Fahrenheiti järgi.
b) Sega segisti abil põhjalikult kõrvitsapirukapüree ja taimne piim.
c) Valage koostisosad 11x7 või 8x8 pannile .
d) Klopi peale ½ kasti kuiva koogisegu.
e) Kõige peale lisa hakitud kreeka pähkleid ja ½ tassi sulatatud taimset võid.
f) Küpseta umbes 40 minutit .
g) Lase serveerimiseks jahtuda.

72. Puhkus Chia puding

KOOSTISOSAD:
- 1 purk orgaanilist kookospiima ja 1 purk vett, kombineeri d
- 8 supilusikatäit chia seemneid
- ½ teelusikatäit orgaanilist vaniljeekstrakti
- 2 spl pruuni riisi siirupit

JUHISED:
a) Sega kausis kookospiim, vesi, pruuni riisi siirup ja chia seemned.
b) Segage kõike kümme minutit.
c) Enne serveerimist hoia 30 minutit külmkapis.
d) Lisage segusse 1 tl jahvatatud vanilli või ½ tl orgaanilist vaniljeekstrakti.
e) Tõsta lusikaga magustoidukaussidesse ja puista peale vanillipulbrit või värskelt jahvatatud muskaatpähklit.
f) Kui lasete sellel üleöö seista, annab see tahke tekstuuri.

73. Butternut Squash Mousse

KOOSTISOSAD:
- 2 tassi kõrvitsat, kooritud ja kuubikuteks lõigatud
- 1 tass vett
- 1 tl sidrunimahla
- 1 tass india pähkleid või piinia pähkleid
- 4 datlit – kivideta ja varred eemaldatud
- ½ tl kaneeli
- 1 tl muskaatpähklit
- 2 tl orgaanilist vaniljeekstrakti

JUHISED:
a) Sega kõik koostisosad segistis kokku ja blenderda umbes 5 minutit või kuni segu on hästi segunenud.
b) Tõsta üksikutesse serveerimistopsidesse või suurde serveerimisnõusse.
c) Selle võib ööseks külmkappi seista ja maitsed segunevad, muutes selle veelgi vürtsikamaks.
d) Enne serveerimist nirista üle vahtrasiirupiga.

74.Lõunane maguskartulipirukas

KOOSTISOSAD:
- 2 tassi kooritud, keedetud maguskartulit
- ¼ tassi sulatatud taimset võid
- 1 tass suhkrut
- 2 supilusikatäit burboni
- ¼ teelusikatäit soola
- ¼ tl jahvatatud kaneeli
- ¼ tl jahvatatud ingverit
- 1 tass taimset piima

JUHISED:
a) Kuumuta ahi temperatuurini 350 kraadi Fahrenheiti.
b) Segage kõik koostisosad elektrimikseris täielikult, välja arvatud taimne piim.
c) Lisage taimne piim ja jätkake segamist, kui kõik on täielikult segunenud.
d) Vala täidis pirukakoore sisse ja küpseta 35–45 minutit või kuni keskele torgatud nuga tuleb puhtana välja.
e) Eemaldage külmkapist ja laske sellel enne serveerimist toatemperatuurini jahtuda.

75.Bataadi- ja kohvipruunid

KOOSTISOSAD:
- 1/3 tassi värskelt keedetud kuuma kohvi
- 1 unts magustamata šokolaadi, tükeldatud
- ¼ tassi rapsiõli
- ⅔ tassi bataadipüreed
- 2 tl puhast vaniljeekstrakti

JUHISED:
a) Kuumuta ahi 350 kraadi Fahrenheiti järgi.
b) Sega kausis kohv ja 1 unts šokolaad ning jäta 1 minutiks kõrvale.
c) Sega kausis õli, bataadipüree, vaniljeekstrakt, suhkur, kakaopulber ja sool. Sega kuni kõik on hästi segunenud.
d) Sega jahu ja küpsetuspulber eraldi kausis. Lisa šokolaaditükid ja sega korralikult läbi.
e) Segage kuivained spaatliga õrnalt märgade koostisainete hulka, kuni kõik koostisosad on segunenud.
f) Valage tainas küpsetusnõusse ja küpsetage 30–35 minutit või kuni keskele torgatud hambaork jääb puhtaks.
g) Laske täielikult jahtuda.

76.Puhkus Maisi suflee

KOOSTISOSAD:
- 1 sibul
- 5 naela külmutatud suhkrumaisi
- 6 tassi vegan Jacki juustu , tükeldatud
- 1 tl soola

JUHISED:
a) Prae pannil sibul oliiviõlis. Kõrvale panema.
b) Jahvata köögikombainis mais.
c) Kombineeri ja sega hulka teised koostisosad, sealhulgas praetud sibul.
d) võiga määritud 8x14 ahjuvormi .
e) Küpseta 375 ° F juures umbes 25 minutit või kuni pealmine osa on kuldpruun.

77. Jõhvikajäätis

KOOSTISOSAD:
JÕHVIKAPÜREE
- ¼ tassi vett
- ¼ teelusikatäit soola
- 12 untsi värskeid jõhvikaid, puhastatud ja sorteeritud
- 2 sl värskelt pressitud apelsinimahla

JÄÄTIS
- 1½ tassi taimset rasket koort
- 1½ tassi taimset piima
- 1 tass suhkrut
- 1¼ tassi jõhvikapüreed

JUHISED:
JÕHVIKAPÜREE:
a) Kuumutage vett, soola ja jõhvikaid 6–7 minutit mõõdukal kuumusel.
b) Tõsta tulelt ja jäta 10 minutiks kõrvale jahtuma.
c) Püreesta blenderis või köögikombainis jõhvikad ja apelsinimahl.
d) Tõsta jõhvikapüree mitmeks tunniks külmkappi.

JÄÄTIS
e) Sega kausis taimne koor, taimne piim, suhkur ja jõhvikapüree.
f) Purusta ained jäätisemasinas vastavalt tootja juhistele.
g) Tõsta külmutatud segu jahutatud jäätisenõusse.
h) Külmutage vähemalt 4-6 tundi.
i) Sulatage enne serveerimist külmkapis 5-10 minutit.

78. Pähkel Petites

KOOSTISOSAD:
- 8 untsi taimset toorjuustu, pehmendatud
- 1 tass soolamata veganvõid, pehmendatud
- 2 tassi universaalset jahu
- 2 linamuna
- 1½ tassi pakitud pruuni suhkrut
- 2 tassi hakitud kreeka pähkleid

JUHISED:
a) Kuumuta ahi 350 kraadi Fahrenheiti järgi.
b) Vahusta taimne toorjuust ja või elektrimikseri abil ühtlaseks massiks.
c) Sõelu sisse jahu ja veidi soola ning sega, kuni moodustub tainas. Lõigake neljaks taignaks ja asetage kilesse mähituna vähemalt 1 tunniks külmkappi.
d) Rullige iga taignatükk 12 palliks ja suruge iga pall minimuffinitapsi põhja ja äärtest üles, et tekiks saiakest. Hoia kasutusvalmis külmkapis.
e) Klopi segamiskausis ühtlaseks vahuks linamunad, pruun suhkur ja näpuotsatäis soola, seejärel sega hulka kreeka pähklid.
f) Pane igasse kondiitrikarpi 1 lusikatäis täidist
g) Küpseta portsjonitena ahju keskosas 25–30 minutit või kuni täidis mullitab ja küpsetis on kergelt kuldne.
h) Tõsta jahutusrestile.

79.Puhkus Porgandisoflee

KOOSTISOSAD:
SUFFLI:
- 2 naela värsket porgandit, kooritud ja keedetud
- ⅔ tassi suhkrut
- 6 spl matzohi jahu
- 2 tl vanilli
- 2 pulka taimset võid, sulatatud
- Natuke muskaatpähklit
- 6 spl pruuni suhkrut
- 4 spl taimset võid, sulatatud

TOPPING:
- 1 tass hakitud kreeka pähkleid

JUHISED:
a) Püreesta kõik suflee koostisained köögikombainis.
b) Töötle ühtlaseks.
c) Küpseta 40 minutit võiga määritud 9x13 küpsetuspannil temperatuuril 350 °F.
d) Lisa kate ja küpseta veel 5-10 minutit.

80.Pumpkin Flan

KOOSTISOSAD:
- ¾ tassi suhkrut
- ½ tl puhast vahtraekstrakti
- 2 tl riivitud apelsinikoort
- ½ tl fleur de sel
- 1½ tl jahvatatud kaneeli
- ½ tl jahvatatud muskaatpähklit
- 28 untsi purki taimset piima
- 1 tass kõrvitsapüreed
- ½ tassi Itaalia mascarponet
- 1 teelusikatäis puhast vaniljeekstrakti

JUHISED:
a) Sega paksupõhjalises kastrulis suhkur, vahtrasiirup ja vesi.
b) Keeda madalal kuumusel aeg-ajalt segades 5–10 minutit või kuni segu muutub kuldpruuniks ja saavutab 230 °F.
c) Tõsta pann tulelt, vispelda sisse fleur de sel ja vala kohe suurde ümmargusse koogivormi.
d) Sega kausis taimne piim, kõrvitsapüree ja mascarpone; klopi madalal kiirusel ühtlaseks.
e) Vahusta vanill, vahtraekstrakt, apelsinikoor, kaneel ja muskaatpähkel segamisnõus kokku.
f) Kalla kõrvitsasegu pannile koos karamelliga aeglaselt, et need ei seguneks.
g) Asetage koogivorm röstimisvormi ja valage röstimisvormi nii palju kuuma vett, et see ulatuks koogivormi servade poole.
h) Küpseta 70-75 minutit ahju keskosas, kuni kreem on vaevu tahenenud.
i) Eemaldage kaas veevannilt ja jahutage täielikult jahutusrestil. Tõsta vähemalt 3 tunniks külmkappi.
j) Lükake noaga ümber plaadi serva.
k) Pöörake koogivorm kergelt kallutades tasasele serveerimistaldrikule ja keerake plaat taldrikule. Karamell peaks tilkuma üle plaadi külgede.
l) Lõika viiludeks ja serveeri, lisades iga viilu peale lusikatäis karamelli.

81. Maa maisi pajaroog

KOOSTISOSAD:
- 2 tassi maisiterad
- 1 tl suhkrut
- 1 tl vaniljeekstrakti
- 1 tl soola
- ¼ tl musta pipart
- 1 tass taimset piima
- 1 spl taimset võid, sulatatud
- 2 spl kreekeripuru

JUHISED:
a) Kuumuta ahi temperatuurini 350 °F.
b) Sega kausis kõik koostisosad kokku.
c) Valage määrimata 1-½-liitrisesse pajavormi.
d) Küpseta 40–50 minutit või kuni kuldpruunini.

82.Jõhvika-pekanipähkli maitse

KOOSTISOSAD:
- 1 seemneteta apelsin, tükkideks lõigatud
- 1 õun, südamikud ja tükkideks lõigatud
- 2 tassi värskeid jõhvikaid
- ½ tassi suhkrut
- ¼ tassi pekanipähklit

JUHISED:
a) Sega köögikombainis kõik koostisosad kokku.
b) Töötle 1–2 minutit, kraapides vajadusel anuma külgi alla või kuni see on peeneks hakitud ja täielikult segunenud.
c) Serveeri kohe või jahuta õhukindlas anumas kuni serveerimiseks valmis.

83.Kartulihash koogid

KOOSTISOSAD:
- 2 tassi kartulipüree
- ¼ tassi hakitud sibulat
- ¼ tassi hakitud rohelist paprikat
- ¼ tassi kuiva leivapuru
- 1 tl soola
- ¾ tl musta pipart
- ¼ tl küüslaugupulbrit
- ¼ teelusikatäit paprikat
- ¼ tassi hakitud peterselli
- ½ tassi taimeõli

JUHISED:
a) Vahusta kausis kõik koostisosad peale õli.
b) Valmista segust pannkoogid.
c) Kuumuta piisavalt õli, et katta pann mõõdukal kuumusel; Küpseta pannkooke mõlemalt poolt, lisades vajadusel rohkem õli, kuni need on kuldpruunid, seejärel nõruta paberrätikutel.
d) Serveeri kohe.

84. Apple Crunch kingsepp

KOOSTISOSAD:
- 4 a õuna, kooritud ja viilutatud
- 2 tassi granola teravilja, jagatud
- ½ tassi kuldseid rosinaid
- ¼ tassi vahtrasiirupit
- ¼ tassi pakitud pruuni suhkrut
- 2 spl taimset võid, sulatatud
- 1 tl vaniljeekstrakti
- 1 tl jahvatatud kaneeli
- ¼ tl jahvatatud muskaatpähklit
- 1/8 tl jahvatatud nelki
- 8 tassi taimset vanillijäätist

JUHISED:
a) Kuumuta õunu 4-liitrises aeglases pliidis õrnalt.
b) Sega kausis granolahelbed ja järgmised 8 koostisained ; puista õuntele.
c) Küpseta LOW-l 6 tundi kaanega.
d) Serveeri õunu taimse vanillijäätise peal.

85.Liigne amishi karamellipirukas

KOOSTISOSAD:
- 2 tassi helepruuni suhkrut
- 1 tass vett
- 1 spl taimset võid
- ¾ tassi universaalset jahu
- ¾ tassi taimset piima
- 1 tl vaniljeekstrakti
- 9-tolline küpsetatud pirukakoor
- 1 tass pekanipähkli poolitatud

JUHISED:
a) Kuumuta pruun suhkur, vesi ja taimne või kastrulis mõõdukal kuumusel keema; hauta regulaarselt segades 3–5 minutit.
b) Sega kausis omavahel jahu ja taimne piim.
c) Lisa jahusegu aeglaselt keevale segule 3–5 minutiks, sageli segades.
d) Tõsta pliidilt, sega hulka vanilliekstrakt ja tõsta 5 minutiks kõrvale jahtuma.
e) Vala täidis küpsenud pirukapõhjale ja tõsta peale pekanipähklipoolikud.
f) Enne 8 tunniks või üleöö külmkappi panemist 30 minutiks kõrvale jahtuma.

86. Sügisesed lehed

KOOSTISOSAD:
- 1 rullis jahutatud pirukakoorik
- 2 spl taimset võid, sulatatud

JUHISED:
a) Kuumuta ahi temperatuurini 350 °F.
b) Lõika šablooni , terava noa või küpsisevormi abil pirukapõhjast välja lehtede kujundid.
c) Lõika noaga "lehe" väljalõigetele kriipsud, et need meenutaksid ehtsatel lehtedel olevaid veene, kuid ärge lõigake koort läbi.
d) Küpsetamise ajal loomuliku kõveruse loomiseks asetage väljalõiked küpsiseplaadile või katke kokkupandud alumiiniumfooliumiga.
e) Pintsasta väljalõiked sulatatud taimse võiga .
f) Küpseta 3 kuni 5 minutit, kuni see on kuldne .

87.Viljakoristuskompott

KOOSTISOSAD:

- 5 õuna, lõigatud 1-tollisteks tükkideks
- 3 pirni, lõigatud 1-tollisteks tükkideks
- 3 apelsini, kooritud ja tükeldatud
- 12 untsi pakk värskeid jõhvikaid
- 1½ tassi õunamahla
- 1½ tassi pakendatud helepruuni suhkrut

JUHISED:

a) Sega kõik koostisained supipotis ja kuumuta mõõdukal kuumusel keema.
b) Alanda kuumust ja küpseta perioodiliselt segades 10–15 minutit või kuni puuviljad on pehmed.
c) Pärast puuvilja jahtumist valage see lusikaga õhukindlasse anumasse ja hoidke seda seal kuni serveerimiseks.

88.Pühade jõhvikapirukas

KOOSTISOSAD:
- 2 pirukakoorikut _
- 1 pakk želatiin; apelsini maitse
- ¾ tassi Keev vesi
- ½ tassi apelsinimahl
- 8 untsi purk tarretatud jõhvikakastet
- 1 teelusikatäis Riivitud apelsinikoor
- 1 tass Külm taimne piim
- 1 pakk Jell-O kiirpuding , prantsuse vanilje või vanilje maitse
- 1 tass Cool Whip vahustatud kate
- Külmutatud jõhvikad

JUHISED:
a) Kuumuta ahi temperatuurini 450 ° F
b) Kuumuta želatiin keemiseni ja lahusta. Vala sisse apelsinimahl. Asetage kauss suuremasse jää- ja veekaussi. Laske regulaarselt segades 5 minutit seista, kuni želatiin on veidi paksenenud.
c) Lisa jõhvikakaste ja apelsinikoor ning sega ühtlaseks. Täida pirukapõhi täidisega. Jahutage umbes 30 minutit või kuni see on hangunud.
d) Ma kaussi , vala pool ja pool . Viska peale pirukatäidise segu. Vahusta kuni täieliku segunemiseni .
e) Tõsta 2 minutiks kõrvale või kuni kaste on mõnevõrra paksenenud. Viimasena sega sisse vahustatud kate.
f) Määri peale õrnalt želatiinisegu. Jahuta 2 tundi või kuni jäik.
g) Soovi korral lisa veel vahustatud kate ja külmunud jõhvikad.

89.Sädelevad jõhvikad

KOOSTISOSAD:
- 1 tass puhast vahtrasiirupit
- 2 tassi värskeid jõhvikaid
- 1 tass suhkrut
- Pärgamentpaber

JUHISED:
a) Keeda vahtrasiirupit 1 kuni 2 minutit kastrulis keskmisel-madalal kuumusel.
b) Tõsta tulelt ja sega hulka jõhvikad.
c) Jahutage kaanega 8–12 tundi.
d) D vihma jõhvikaid.
e) Viska 4–5 jõhvikat korraga suhkrusse, viska õrnalt katteks.
f) Aseta jõhvikad ühe kihina küpsetuspaberiga kaetud ahjuplaadile ja tõsta kõrvale täielikult kuivama.

90.Vegan kõrvitsa kook

KOOSTISOSAD:
- 2 tassi blanšeeritud mandlijahu
- ½ tassi linaseemnejahu
- 2 tl jahvatatud kaneeli
- paar tilka steviat
- ½ tl madala naatriumisisaldusega soola
- 1 tass kõrvitsapüreed
- 1 spl vaniljeekstrakti

JUHISED:
a) Kombineerige mandlijahu, linaseemnejahu, kaneel ja madala naatriumisisaldusega sool
b) Vahusta eraldi kausis kõrvits ja vaniljeekstrakt .
c) Kombineerige kuivad ja märjad koostisosad, et moodustada tainas .
d) Tõsta tainas lusikaga vooderdatud pannile .
e) Küpseta temperatuuril 350 °F 25 minutit .

91.P kõrvitsa kreem

KOOSTISOSAD:
- 1 tass kõrvitsat
- 1 tl jahvatatud kaneeli
- ¼ tl jahvatatud ingverit
- 2 näputäis värskelt riivitud muskaatpähklit
- näputäis soola
- 1 tass kookospiima
- 8-10 tilka vedelat steviat
- 1 tl orgaanilist vaniljeekstrakti

JUHISED:
a) Kuumuta oma ahi temperatuurini 350ºF.
b) Sega kõrvits ja maitseained a kaussi.
c) Segage ülejäänud koostisosad, kuni need on täielikult segunenud.
d) Tõsta segu 6 ramekiinile.
e) asetage rannakarbid kastrulisse,
f) Lisa ramekiinide ümber pajaroale vesi.
g) Küpseta vähemalt 1 tund.

92. Kokolaadi-kommi juustukook

KOOSTISOSAD:
- 9-untsi karp šokolaadi vahvliküpsiseid; purustatud
- ¼ tassi suhkrut
- ¼ tassi taimset võid; sulanud
- 2 šokolaadiga kaetud karamelli-maapähkli nugatibatoone; jämedalt hakitud
- 2 pakki taimset toorjuustu; pehmendatud
- ½ tassi suhkrut
- ¾ tassi poolmagusaid šokolaaditükke; sulanud
- 1 tl vanilli
- taimne vahukoor

JUHISED:
a) Kombineerige esimesed 3 koostisosa; suru segu ühtlaselt 9-tollise vedruvormi põhjale ja 1-½ tolli ülespoole .
b) Puista hakitud nougatibatoonid ühtlaselt põhjale; kõrvale panema.
c) Vahusta taimne toorjuust mikseriga suurel kiirusel heledaks ja kohevaks.
d) Lisage järk-järgult suhkur, segades hästi.
e) Sega šokolaaditükid ja vanill; klopi segamiseni. Tõsta lusikaga peale kommikiht. Küpseta 350° juures 30 minutit.
f) Eemaldage ahjust ja lükake noaga ümber panni servade külgede vabastamiseks.
g) Lase restil toatemperatuurini jahtuda.
h) Kata kaanega ja jahuta vähemalt 8 tundi.
i) Serveerimiseks eemalda juustukook pannilt ; peale piibu või nukk taimne vahukoor.

JOOGID

93.Jõululaulude punch

KOOSTISOSAD:
- 2 keskmist punast õuna
- Apelsini viilud
- 2 tl Tervet nelki
- ½ tassi rosinaid
- 8 kaneelipulka
- ¼ tassi sidrunimahla
- 2 liitrit selget õunasiidrit
- Sidruni viilud

JUHISED:
a) Puhasta õunad, lõika ½-tollisteks rõngasteks.
b) Sega Hollandi ahjus siider, kaneel, nelk, õunarõngad ja rosinad.
c) Lase keema tõusta; vähenda kuumust ja hauta 5–8 minutit või kuni õunad on pehmed.
d) Lisa apelsini- ja sidruniviilud ning sidrunimahl.
e) Vala punši kaussi.
f) Valage vahukulbiga suurtesse kruusidesse, kaasa arvatud õunarõngas, mõned rosinad, vürtsid ja tsitruseviilud igas portsjonis.
g) Serveeri lusikatega.
h) Kui ilm on väga külm, lisage brändit või lisage brändit ikkagi.

94. Magus tee

KOOSTISOSAD:
- 1 gallon keeva veega
- 3 peresuuruses musta tee pakki
- 2½ tassi granuleeritud suhkrut
- ¼ teelusikatäit söögisoodat
- Mündilehed, kaunistuseks

JUHEND :
a) Valage kuum vesi kannu ja lisage seejärel teepakkidele.
b) Laske teepakkidel 15–20 minutit seista, seejärel eemaldage need.
c) Vala sisse suhkur ja sooda. Sega, kuni suhkur ja söögisooda lahustuvad.
d) Kata tee kaanega ja pane umbes 2 tunniks külmkappi, kuni see on mõnusalt külm.
e) Enne serveerimist kaunista piparmündiga.

95.Värskelt pressitud limonaad

KOOSTISOSAD:
- Mahl 8 suurest sidrunist
- 6 tassi vett
- 1¼ tassi granuleeritud suhkrut
- 1 sidrun, viilutatud

JUHEND :
a) Segage suures kannus sidrunimahl vee ja suhkruga.
b) Sega kuni suhkur on lahustunud. Tõsta külmkappi külma, umbes 1 tund.
c) Valage limonaad jääle ja lisage enne serveerimist igasse klaasi sidruniviil.

96. Blackberry Wine Slushies

KOOSTISOSAD:
- 3 tassi külmutatud murakaid
- 1 pudel Blackberry Merlot
- ¼ tassi tuhksuhkrut
- Mündilehed, kaunistuseks

JUHEND :
a) Aseta murakad blenderisse ja vala sisse merlot.
b) Puista peale tuhksuhkur.
c) Blenderda kõik, kuni see on ilus ja sile.
d) Kaunista piparmündiga.

97.Tsitrusviljade Sangria

KOOSTISOSAD:
- 750-milliliitrine pudel magusat Moscato
- 1½ tassi ananassimahla
- 1 tass valget rummi
- 1 tassi ananassi tükke
- 2 laimi, viilutatud
- 2 apelsini, viilutatud

JUHEND :
a) Kombineeri kõik koostisosad kannu ja sega läbi.
b) Enne serveerimist hoia vähemalt 2 tundi külmkapis.

98.Arbuus Margaritas

KOOSTISOSAD:
- 2 tassi vett
- 1 tass granuleeritud suhkrut
- 1½ tassi värskelt pressitud laimimahla
- 8 tassi seemneteta arbuusikuubikuid, külmutatud
- 1 tass hõbedast tequilat
- ½ tassi kolmekordset sekundit
- Jäme sool, velgedele
- Arbuusiviilud, serveerimiseks
- Laimiviilud, serveerimiseks

JUHEND :
a) Sega keskmisel kuumusel keskmises kastrulis vesi, suhkur ja laimimahl. Segage, kuni suhkur on täielikult lahustunud . Lülitage kuumus välja ja laske siirupil jahtuda.
b) Lisa jahtunud siirup, arbuus, tequila ja triple sec blenderisse. Blenderda, kuni kõik on ilus ja ühtlane.
c) Tee prillide servad märjaks ja seejärel soola. Valage margaritad ja lisage enne serveerimist igasse klaasi laimiviil ja arbuusiviil.

99. Ananassi mimoosid

KOOSTISOSAD:
- 750-milliliitrine pudel valget vahuveini
- 2 tassi ananassimahla
- ½ tassi apelsinimahla
- Apelsini viilud, serveerimiseks
- Ananassiviilud, serveerimiseks

JUHEND :
a) Segage vahuvein, ananassimahl ja apelsinimahl.
b) Segage, kuni see on hästi segunenud.
c) Täida šampanjaklaasid ja enne serveerimist lisa äärtele puuviljaviilud.

100.Puuvilja punts

KOOSTISOSAD:
- 6 tassi puuviljapunši
- 3 tassi ananassimahla
- 2 tassi virsiku šnapsi
- 2 tassi valget rummi
- 1 tass sidruni-laimi soodat
- ¼ tassi laimimahla
- 2 väikest laimi, viilutatud ja külmutatud
- 1 suur apelsin, viilutatud ja külmutatud

JUHEND :
a) Sega suures kannus puuviljapunš, ananassimahl, virsikušnaps, rumm, sooda ja laimimahl.
b) Segage, kuni see on hästi segunenud, seejärel katke ja jahutage, kuni see on kena ja külm.
c) Valage puuviljapunš suurde punši kaussi ja lisage seejärel külmutatud puuviljad.
d) Serveeri ja naudi!

KOKKUVÕTE

Kui lõpetame oma piduliku teekonna läbi " ÜLIMAALNE VEGAN PUHKUSE KOKARAAMAT", loodame, et olete kogenud taimetoitel valmistatud pidusöökide loomise rõõmu, mis tähistavad vegan-pühade toiduvalmistamise rikkust, maitseid ja küllust. Iga nende lehtede retsept tähistab kaastunnet, loovust ja maitsvaid võimalusi, mida taimsed koostisosad teie pidulauale toovad – tunnistus veganpühade hooaja rõõmsatest ja meeldejäävatest pidusöökidest.

Olenemata sellest , kas olete maitsnud klassikaliste pühadeprae soojust, omaks võtnud taimsetel eelroogadel loovuse või tundnud rõõmu üllatunud magustoitudest, usume, et need retseptid on sütitanud teie kire vegan-pühade toiduvalmistamise vastu. Lisaks koostisosadele ja tehnikatele saab " ÜLIMAALNE VEGAN PUHKUSE KOKARAAMAT" kontseptsioonist inspiratsiooniallikas, tähistamine ja tunnistus rõõmust, mis kaasneb iga taime jõul valmistatud piduliku loominguga.

Jätkates vegan-pühade toiduvalmistamise maailma avastamist, olgu see kokaraamat teie usaldusväärne kaaslane, juhatades teid läbi erinevate retseptide, mis tutvustavad taimse köögi rikkust ja mitmekülgsust. Siin saate nautida vegan-pühade pidusöögirõõmu, luua meeldejäävaid eineid ja omaks võtta iga taimetoitel pidustusega kaasnevat maitsvat maitset. Head kokkamist ja häid pühi!

www.ingramcontent.com/pod-product-compliance
Lightning Source LLC
Chambersburg PA
CBHW071906110526
44591CB00011B/1565